ドイツ現代史の正しい見方

セバスチャン・ハフナー

瀬野文教 訳

草思社文庫

Historische Variationen
by
Sebastian Haffner

ドイツ現代史の正しい見方◉目次

ドイツ現代史の正しい見方

序章　歴史はつねに創作される

歴史は書かれてはじめて
歴史になるのである
だから歴史は現実ではない
それは文学の一ジャンルでしかない

昨今はどこへ行っても、人々が歴史に積極的にかかわろうとしなくなっているような気がしてならない。とりわけ今の若い人たちを見ていると、歴史についての知識や歴史への関心が薄れてしまったことを実感する。古代ギリシア、古代ローマ、フリードリヒ大王、ルター、ナポレオン、ビスマルク、これらは私の子供時代には、多少の差こそあれどんな子供でもよく知っていた人物・事柄であり、興味をそそるものでもあった。どの人物・テーマについても、血湧き肉躍るような絵本が一冊はあって、それを読むともっと知りたいという思いが湧き起こったものだ。

ところが今日の若者は、そんなのは誇大広告みたいなものだ、いやそれ以上にたちの悪い宣伝文句だなどと、はじめからある種の反感や抵抗をあらわにする。そんなこと僕たち（私たち）には関係ないさ、それが何だっていうんだ、役立たずのガラクタ、しかもほとんどが嘘でたらめじゃないか。まあこんなところが、一般に行きわたっている今の若者の歴史に対する反応である。むろん伝えられている歴史の信憑性に、彼らが不信の念を抱く気持ちはよくわかるし、それがかならずしも的外れでないことは認めよう。

まあ、これも致し方のないことなのだろう。しかし私のような昔の人間からすると、このような傾向は、教養や文化遺産をないがしろにしているように思われ残念でならない。しかし、若者の歴史離れにいちいち腹を立てたところでどうなるわけでもない。それよりも私が腹立たしく思うのは、歴史から何も学ぼうとしない、歴史について深く知ろうとしない当の同じ若者たちが、歴史を嫌うのと同じような熱の入れ方で、すでに定説化した歴史観、妙に凝り固まった既存の歴史像を後生大事に信じていることである。

既存の歴史に対する盲目的な信仰が今日ひそかに、多くの人々、とりわけ若い人たちのあいだに行きわたり、その勢いは、今はすっかり廃《すた》れてしまった来世への信仰にとってかわり、人生の重要なポジションを占めはじめるほどまでになっているのである。

その意味で既存の歴史への信仰は、いまや現代人の宗教にまでなっていると思わざるをえない。人生の意味、なんのために私たちはここにいるのか、何をなすべきか、どうしたら自分の存在を正当化できるか、こういった問題への答えを、いまやますます多くの人々が、歴史という一種の「神様」に期待しているように思えてしかたがないのである。

誰もがよく知っているように、神は死んだ。というより、自然科学の発達で私たちが神様に敬意を払わなくなったために、神様のほうが黙ってしまったといったほうがいいだろう。だがいま述べたような既存の歴史は、私たちの問いかけに答えてくれるのだ。その手の歴史は、幸せになるために何をしたらよいかを私たちに教えてくれるのである。今この地上で何をしたらよいかをである。

だから人々は、そういう既存の歴史に与《くみ》して、そういう歴史が命ずるとおりのことをおこなおうとする。それはそうすることで元気が出て、内面の安心が得られ、良心の呵責もなくなり、人のために尽くそうという気持ちまで湧き、それどころか死んでなお来世でも生き続けられると思えるからである。既存の歴史に奉仕をした、そういう歴史の継続にいわば貢献したと自覚した人たちが、心地よく安らかに死んでゆくさまを、私たちはこの二十世紀に何度もくりかえし目にしてきたし、これからもくりかえし目にすることだろう。

それにしても奇妙なことである。今日人々はかつてにもまして喜んで、歴史のために生き、歴史のために死のうとしている。それなのに歴史に興味をもつことや、もっと深く知ることは拒絶するのである。いやひょっとすると、こんなことは奇妙なことでもなんでもないのかもしれない。つまり歴史に興味をもって、くわしく歴史を研究しようものなら、もはや快く歴史と生き死にをともにできなくなってしまうことを、人々は本能的に悟っているのではないか。幻想から目を覚まされ、信じていたものに裏切られるのが恐ろしいのではないだろうか。

こんな厄介な問題はひとまず擱《お》いて、ここですこしばかり、私たちが二十世紀のいま目にしている、あるいはこれまで目にしてきたさまざまな歴史観、一世を風靡した歴史解釈、歴史予言、歴史信仰を概観してみることにしよう。

もっとも有力で影響力が強いのはマルクス主義、もしくはそこから派生した新マルクス主義（ネオマルキシズム）ともいうべき学派の考え方である。マルクスというのは、きわめて強烈な歴史意識をもった思想家だったが、彼のイデオロギーがこれほどまでにすさまじい説得力と浸透力をもったのはなぜか。それは彼が史的唯物論、弁証法的唯物論なるもので、一つの揺るぎない歴史学体系を築きあげ、それを受け入れさえすれば、歴史における自分の居場所（歴史的スタンス）がはっきり定められ、その結果、次にどう進めばよいかもはっきり見えたからである。

だが、別にマルクスをこき下ろすためにいうわけではないが、このマルクス主義と同じくらいに強烈な効力を発揮したのが、ヒトラーのナチズム（国民社会主義）だった。ヒトラーもまたマルクスと同じように、独特の歴史解釈から独自のイデオロギーを生み出した。よく知られるように、マルクスにとってすべての歴史は階級闘争の歴史だった。ヒトラーにとってすべての歴史は生存圏を求めての人種闘争の歴史だった。

マルクス主義と同じように、ヒトラーのナチズムに対しても、私と同世代の人間は盲目的にこれを信じ込んだ。その結果、マルクス主義を信じ込んだ人々と同じように、ナチズムを信じ込んだ人々もまた何百万という単位で、信念を抱いたまま死んでいった。

一九二〇年代には、これもやはりたいへん影響力の大きいシュペングラーの歴史解釈が一世を風靡した。彼によれば文明というのはすべて、植物と同じように一定の規則性をもって、花開きやがて枯れしぼんでゆくもので、われわれヨーロッパ文明は残念ながらすでに色あせ枯れてゆくところであるという。では、われわれはどうすればいいのか。シュペングラーが提示した答えは、煎じつめると、西洋人は英雄として堂々と滅び去れということであった。

その点、トインビーは、いくらかシュペングラーと似通いながらも、ずっと楽天的だった。トインビーによれば、歴史という神様はスフィンクスのように、人類に対して次から次へと新たな難題を投げかけるものだという。個々の文明がどのような運命をたどるかは、それを担う人間たちが、それぞれの状況において正しい答えを見つけ出せるかどうかにかかっている、と彼は言う。では現代が抱える問題に対し、彼はどんな答えを用意しているのか。それは世界共同体をつくり、世界共通の宗教を信じればよいのだという。なるほどまんざら悪い考えでもなさそうだ。

しかしトインビー、シュペングラーといえども、これまでのところヒトラーやマルクスほどのすさまじい成功は収めていない。いずれにしても、これら偉大な歴史体系の設立者、歴史の予言者たちはみな何らかのかたちで、ヘーゲルを拠り所にしている。ヘーゲルというのは「歴史には法則性がある。歴史には自己完結的なシステムのようなものがあって、何らかの意味をもっている」ということをはじめて唱えた人だ。また彼自身の言葉でいえば、歴史というのは世界精神なるものが自己を実現する場なのだという。さらに晩年のヘーゲルは、世界精神は弁証法的な過程を通して自己実現をおこなうのだという、いわゆる弁証法理論も打ち立てたが、彼は自分の思想について彼の後継者たちよりも慎重だった。

つまりヘーゲルは大胆な予言などは決してせず、世界精神がそれぞれの時代に計画し実現したことを、後世のわれわれはヘーゲルを拠り所として追認しているのである。たとえばナポレオンは勝ち続けているかぎりにおいて、馬に乗った世界精神であり、その後敗れて没落したのは、世界精神の考えが変わったためで、もはや歴史はナポレオンに味方しなかったというのだ。まあ、これで歴史の説明がつくなら誰も苦労しないだろう。

ある意味でマルクスもヒトラーも、シュペングラーもトインビーも、みなヘーゲルの弟子といえる。彼らもヘーゲルと同様、自分が呼び寄せた幽霊たちを必要に応じて統御することができなかった。それは彼らが、自分たちの予言にがんじがらめに縛られていたためである。

しかしそれにしても、なぜ私たちは歴史に法則性を求めるのだろうか、たとえ歴史に法則があったとしても、歴史を前もって決めることなどできないだろうに。おそらくそれは、歴史を解釈するなら、やはり予言してみたいという強い衝動があるからだ。その意味でヘーゲル以来、人々が歴史家のことを後ろ向きの予言者と呼んできたのは、的外れなことではなかった。

それに予言するということは、それほどむちゃくちゃな行為ではない。予言が影響力の強い、十分納得のゆくものであるなら、事情によっては歴史のほうも、ならばご期待にお答えしましょうと、予言を実現してしまうこともあるからである。

どうやら私の言い方には毒があるようだ。何しろ私ときたら、まるでヘーゲル主義者のような口ぶりで歴史を語っているのだから。つまり私の口ぶりからすると、まるで歴史というものが生きた人間か人格化された神様のようなもので、そういう歴史と仲良く付き合って味方につけるのが得策であるかのように思えてくるからだ。

しかし私はヘーゲルの信奉者ではないし、それゆえマルクスの信奉者でもむろんない。ようするに私は、歴史をある一つの視点から説明しようとしたり、歴史の法則を打ち立てようなどとすること自体、いかさまだと考えているのである。

今あげた歴史体系の設立者や歴史の解釈者たちが犯している大きな過ちがどこにあるかというと、それは私の考えでは、彼らがみな歴史というものを何か客観的に存在するもの、自然現象のように、いつでも手でつかんだり、研究して解明できる現実であると思い込んでいる点にある。

とくにマルクスにはそれが顕著だ。弁証法的唯物史観の基本的な考え方というのは、人間の歴史はただ自然界の進化が人間の世界において継続しているにすぎず、したがって歴史の法則も、たんに自然の法則が人間の世界に適用されただけのことだとするもの、つまりマルクス主義というのはダーウィニズムを歴史にあてはめたものなのである。しかしマルクスのみならず、他の歴史解釈者たちの場合にも一種の根源的衝動ともいうべき強烈な動機が見てとれる。それは自然科学に対する一種のねたみである。

自然科学の大いなる成功を目の当たりにして、歴史も科学的に研究してみたいという欲求が生まれた。人間は自然科学によって、神のトリックを見破り、それによってみずから神様もどきの振る舞いができるようになった。そこでこれに味をしめた人間は、過去における興味深い出来事についても、同じ振る舞いができないだろうかと考えた。この考えはじつに魅惑的な心酔わせるものだった。

たしかに人間は自然の支配者となった。それはそれでじつにすばらしいことである。しかし歴史を支配することに比べたら、自然を支配することなどたいしたことではない。自然の法則を見通して、自然を支配するようになった人間だが、さらに自分の過去を見通して歴史の法則を知り、歴史を支配してはじめて真の意味での支配者になれるのである。つまり自分の過去を支配してはじめて人間は、自分の未来を自由に構築することができるのだ。これこそまさに、必然に縛られた窮屈な檻から、自由の帝国へと飛び立つことにほかならない。

これはたしかにこのうえなく魅惑的な考えである。しかしはたして人間は神様になれるのだろうか。この類の考えはじつに馬鹿ばかしいとしかいいようがない。自然科学と同じ意味での歴史学など存在しないし、これからもありえないだろう。

それは次のようなきわめて簡単な理由からである。つまり自然というのはまさに現在目の前にあるものであり、これに対して歴史というのは過去を研究するものだからである。現在目の前にあるものは、まさに現実であり、具体的であり、それゆえに研究して解明可能なものである。しかし過去というのはもはや現実ではない、すでに非現実となったものである。過去は時の流れによって私たちの前からとり去られたのであり、もはや存在しない。したがって存在しないものは研究して解明することなどできないのである。

　基本的にすべての歴史学は、「過去」と「歴史」を混同してしまっている。過去（すなわち過去の出来事）はいくらでもある。もしも時間を戻して、過ぎ去った過去を必要に応じて再現して、それらが実際にどうだったかをつぶさに観察してみることができるのなら、歴史を科学的に研究して、歴史の法則とやらも発見できるだろう。しかし人間の過去というのは一度きりのものであり、大半がわからずじまいなのである。

　何十万年も前から人間は存在している。しかしどこの誰だか見当がつくのは、せいぜいここ三千年ぐらいのことであり、それもほんの大づかみなことしかわからないし、脈絡もはなはだあいまいである。

　イスラエルやアテネやローマのほんの一時期については、かなり多くのことを知ってはいるが、同じ時期の他の民族については何一つ知らないといっていい。私たちの国の歴史についても、まあ千年ぐらいはさかのぼれるが、時代によってはごくわずかな伝承しか残されていないことがよくある。それにひきかえここ百年か二百年ということになると、もうデータの洪水に溺れてしまうほどで、歴史的に何が重要で、何が重要でないのかわからなくなってしまう。

　歴史的出来事の重要性が、後になってようやく判明するということがよくあるのだ。

たとえばキリスト教の発生といった重要な出来事を考えて見ればわかる。キリスト教が発生したとき、同時代の人々は、たとえどんなに教養があって歴史に興味のある人でも、そのことにはまるで気づいていなかった。

つまり一言でいえばこういうことだ。歴史というのは、自然のようにもとからそこにあるものではない。歴史というのはいわば芸術作品のように、意図的につくられたものなのである。起こったことすべてが歴史になるわけではない。そうではなく、ある時代のどこかの歴史家が、これは語るに値すると判断したものだけが歴史になるのである。歴史は書かれてはじめて歴史になる。その意味で厳密にいえば、歴史は現実ではない。歴史は文学の一ジャンルなのである。

そしてここから次のことがいえる。つまり歴史というのは、文学的な観点から書かれた一種のフィクションであるということ、それならば上出来である。たいていは、政治的な意図にもとづいて書かれた愚劣なものばかりであり、そうなると、ただのプロパガンダにすぎない。

もうすこしましなものはないのか、つまりツキディデスのような真実を愛するまともな歴史家によって書かれた歴史はないのかといえば、そんなものはめったにないといっていい。それにまともな歴史家たちが書いたものでさえ、それは語るに値する、物語として面白いから書いたまでのことである。つまり彼らは非日常的なものやドラマチックなもの、権力闘争や紛争、発展興隆や没落衰退、国家転覆や戦争、そして偉大な人物の性格や運命などを取捨選択して書くのである。

偉大な人物たちが歴史をつくることはふつうないけれども、彼らは挫折することで歴史を面白いものにしてくれる。その意味でハインリッヒ・トライチュケの言葉は今日多くの人々の失笑を買うかもしれないが、やはりそれにはそれなりの正しさがある。（訳注・トライチュケはビスマルク時代に起こった反ユダヤ主義運動のイデオローグ（思想的策源者）として知られている）それはさておき、たとえどんなに真実を愛する、事実を重んずる歴史家といえども、つねに創作せざるをえないし、またそうしないと歴史は生まれない。たとえ報告された事実をふるいにかけてくわしく吟味し、きちんと道筋をつけたところで、できあがった歴史はやはり一つの創造の産物なのである。

そしてさらに、歴史家がどんな事実を選んでどのように描くかということは、やはり書き手個人の意図にかかっている。たとえばトライチュケとフランツ・シュナーベルが書いた十九世紀のドイツ史を読み比べたなら、読者はきっと、両者が同じ国の同じ時代を扱ったものとは信じられないだろう。

またしても私の言い方には毒が感じられるだろうか。そのようなつもりは私にはない。しかしここまでがまんして読んでこられた読者なら、私がはじめに投げかけた問い、すなわち、実際に歴史にとり組んだならば最近よく目にする既存の歴史への盲目的な信仰を払拭することができるだろうかという問いに、答えを出すことができるだろう。

その答えはこうである。つまり歴史に自然科学のような客観的な答えを求めたり、宗教のかわりになるような信仰の支えを求めてもむだだということだ。歴史から生き方の指針を期待するなんて間違っているし、歴史に占い師の役割を期待するにいたっては歴史の乱用もはなはだしい。

歴史はかぎりなく興味深いものである。しかしだからといって、なぜすべてはこうなってしまったのか、こうならざるをえなかったのかの答えを、歴史に求めても答えは返ってこない。ましてこれからどうなるのかと尋ねても、歴史はスフィンクスのように謎の微笑を浮かべてこう答えるだけである。「必ずそうなるかもしれないし、どう転んでもそうならないかもしれない」と。


（初出・北ドイツラジオ放送、一九七二年）

第1章　ローマ帝国の巨大な遺産

戦って守らなければ
ただ失われるのみ

ローマ帝国が実質的に滅んだのはいつか

今から約千五百年前の四七六年八月、西ローマ帝国は滅んだ。その日、ゲルマンの傭兵隊長オドアケルは、最後の西ローマ皇帝、愛すべき退廃的な少年ロムルス・アウグストゥルスをナポリの別荘に追いやり、そこで年金生活をさせた。当時の風習からすればほとんど噴飯ものともいえる穏便な計らいだが、人間性を感じさせる点で人目を引く。ふつうなら支配者が王位を失えば、命を失うのが当然である。いずれにせよこれによって、千年以上も存続し、すくなくとも五百年のあいだは永遠不滅とされていた一つの帝国が滅んだ。

だがローマは本当に滅んでしまったのだろうか。この問いは一見なんでもない、ごくありきたりな問いに聞こえるが、じつはヨーロッパ人の根幹にかかわる重要な問題なのである。その理由は二つ。

一つは、西ローマ帝国の滅亡と二十世紀におけるヨーロッパの没落、すなわちヨーロッパが世界支配の高みから転落したこととのあいだには、いくつかの気がかりな共通点が見出せるからである。

もう一つの理由は、ここ数十年来私たちが、千五百年前に破壊された西ヨーロッパの統合を、ふたたびとり戻そうとしていることに起因する。

まず後者の理由からはじめよう。今日ヨーロッパを突き動かしている原動力は、いったい何だろう。ヨーロッパ・ナショナリズムというようなものでないことだけはたしかである。何しろヨーロッパ人の国民感情は、いまだに「私はドイツ人」「私はフランス人」「私はイギリス人」といったように国によってまちまちで、このような各国の国民意識を、ヨーロッパ一つ屋根の同族意識に従属させることはとてもできないからである。

またかならずしも、経済や防衛面での必要だけに迫られて、今のヨーロッパが突き動かされているわけではない。西ヨーロッパの経済が、ヨーロッパ各国の相互関係よりも、石油産出国への依存関係によってより強力に支えられているのを見ればあきらかである。また安全保障の面でも、われわれにとっては、欧州共同体よりも、ＮＡＴ

O（北大西洋条約機構）のほうが頼もしい存在である。

しかしそれにもかかわらず、「ヨーロッパ」という言葉には、われわれの琴線に触れる何かがある。そこにはアメリカとの同盟関係では起こりえない一種独特の響きがある。ヨーロッパ人のあいだには、時として自国への愛国心すら圧倒するような、何か共通のものが通い合っていて、その感情はアメリカ人相手には決して湧いてこないものである。この「何か共通のもの」とは何だろうか。それをたどってゆくと、ただ一つのものにたどりつく。「ローマの遺産」である。

「でも、それってちょっと古すぎません?」まわりで囁《ささや》くのが聞こえる。「古代ローマだなんて、そんなの今どきいったい誰が知っているの。せいぜい人文主義的教養を備えた人たち、つまりラテン語を勉強して、学校時代にシーザーやアウグスチヌスのことを聞きかじった、そういう奇特な人たちくらいなものじゃない。でもそういう人たちだって、どんどんすくなくなってきている」

たしかにすくなくはなってきている、しかし徐々にである。そもそも遺産というのは、それが何なのかろくに知りもせずに食いつぶしているものなのだ。シーザー（カエサル）の名前すら知らないものがたくさんいるが、カイゼルが何を意味するかは、誰だってよく知っている。遺産とはそういうものだ。

知る知らないはともかく、今の私たちが使っている法律用語のほとんどすべて、正・不正を識別する感覚もローマ起源であり、法治国家というものはローマ人が作り出したものである。そもそも私たちが当たり前に思っている国家そのもの、それを構成する政治家、役人、属州、管区といった国家を組織する要素からして、みなローマ人が考え出したものだ。中世の封建制国家はこれとは全く違ったものだった。軍団、分隊、歩兵、騎兵、砲兵、師団、大隊といったおなじみの軍事用語でさえ、まぎれもないローマの遺産であり、これに対して古代ゲルマン人が使った、軍勢とか車陣といった言葉は生き残ることができなかった。その他にも、サーカス、ロマンといったように、今の私たちには当たり前の言葉がいくつもあり、それらは綴りからしてすでにローマ起源を表わしている。

ローマ帝国はとうの昔に過去のものとなった。それは確たる事実である。しかしそれがたいへん長く続いた帝国であったこともまた事実である。今日の西ヨーロッパと南ヨーロッパが五百年ものあいだ、じつに歴史の四分の一ものあいだ、しかも基盤を築き上げるはじめの四分の一のあいだ、このローマ帝国の中にすっぽり包まれて統合されていたというのは、決してとるに足りないことではない。

このローマ時代がいったいどれくらい長かったのか、はっきりさせておかなくてはならない。何しろ学校の授業では、どんどんすっ飛ばして、あっというまに終えてしまうのだから説明が必要である。ローマの歴史というとたいてい、皇帝アウグストゥスあたりでやめてしまうのが相場だ。それから先はせいぜい暴君ネロとか、キリスト教徒の迫害くらい教えてくれればいいほうで、とつぜん古代ゲルマン人が現われ、気がつくともう中世がはじまっている。どうしてそうなってしまうのかは、誰にもわからない。

しかし考えてみてもらいたい。アウグストゥスからローマ帝国滅亡までの年月は、マルティン・ルターと現代（訳注・本書の論考は一九七〇年代に発表された）ほどの隔たりがあり、コンスタンティヌス帝のあのすさまじい革命、すなわちローマのキリスト教化から帝国滅亡にいたるまでのあいだには、ナポレオンと現代ほどの時間が流れているのである。ヨーロッパの近代にしたところで、ローマの帝政時代のほうがずっと長く、しかもこの帝政時代は、はじめから終わりまで輝かしい全盛時代だった。

それと比べてローマ末期の退廃と没落の時代は、ほんの短い期間にすぎなかった。四五一年、西ローマは西ゴート族と組んで、最後の力を振り絞って、カタラウヌムの戦いでフン族を撃退するが、それは四七六年のローマ終焉から数えて、ほんの四半世紀前のこと。つまり第二次世界大戦と現代ほどの時間しかたっていないのである。ひとたび坂を転げ落ちると、いかにあっけないものか。

しかしはじめの問題に戻るとしよう。つまり、西ローマ帝国は本当に、四七六年にすっかり滅んでしまったのだろうか、という問題である。これにあえて答えるなら、こう答えよう。「ローマはその後も優に千年は姿かたちを変えながら存続した」と。つまりヨーロッパは、西暦五〇〇年から一五〇〇年まで、なおローマの名の下に統合されつづけたのである。

もちろん、もはやローマ帝国というかたちにおいてではなく、ローマ教会という精神的なかたちにおいてである。しかしこのローマ教会という組織の中で、ローマの遺産は驚くほど忠実に受け継がれた。ようするにそれまでのローマ帝国が、精神的な帝国（いわば心の中の帝国）に変わっただけのことだったが、この精神的な帝国はその盛時においては強大な世俗権力も備えた。

しかもこのような精神的な帝国はさまざまな意味で今なお存続しており、たとえ世俗的な権力を失っても、なお人々の心の中で影響力をもち続けている。今日なお、ローマ・カトリックの国々と、あるいはかつてローマ・カトリックだった国々の人々と、ビザンティン教会に属するギリシア正教の国々とは、同じヨーロッパの民族でもいちじるしく異なっている。ローマとビザンティンとのあいだには今なお、生活感情の国境、政治文化の国境が通っていて、その国境線は東ブロック圏の真っ只中、すなわちポーランドとロシアのあいだを貫いている。

しかし今の東西ヨーロッパを隔てる境界線にも、深い歴史的な根があり、それももとをたどればローマに行きつく。というのも、四七六年に滅びはしたが、決して忘れ去られることのなかった西ローマ帝国が、ゲルマン民族大移動の時代を経て、八〇〇年にふたたび生まれ変わったからである。これはカール大帝がつくった壮大な帝国だが、彼の独創から生まれた新国家ではなく、あくまで西ローマの再生という意味でなされたものだった。

国民国家の誕生がローマを滅ぼした

こうしてできた帝国がフランク王国で、これはかつてのローマ帝国の版図からするといくぶん縮小され、もとの位置から多少ずれはしていたものの、根幹においてはかつての西ローマ帝国とほぼ重なり合っていた。つまりこの新帝国（フランク王国）には、もはやスペインやブリタニアは含まれてはいなかったが、そのかわりにドイツが含まれていたのである。それもかつてのローマ時代のような、ライン川とドナウ川の流域までではなく、さらにエルベ川とバイエルンの森までその版図は広げられた。つまり今日のドイツ連邦共和国（西ドイツ）の東国境までが、この新しい帝国の領土だった。

ようするにドイツ人がローマ・ヨーロッパ帝国に入ったのは、後になってからのことなのだ。つまり最初の古代ローマ帝国にではなく、ようやく後の第二ローマ帝国（フランク王国）にドイツの大半は加わり主体となったのである。しかしこの場合、次の聖書の言葉があてはまる。「後なる者、先になるべし」である。というのもやがてカロリング朝が崩壊すると、フランスを先頭にドイツ周辺の国々は、次々と国民国家へと変わっていったが、こうした中でドイツ人だけが、なお幾世紀ものあいだ「ローマ帝国」なる観念にしがみつき、しまいには「ドイツ国民の神聖ローマ帝国」などとなかば皮肉をこめて呼ばれるまでになったからである。

この神聖ローマ帝国は一八〇六年にナポレオンに滅ぼされるまで続いたが、天下をとったナポレオンは、第三の西ローマ帝国ともいうべきものを建設しようと試みた。彼は自分の帝国に、執政官《コンスル》、皇帝《カエサル》、元老院、総督といった、ローマを想起させる名称を意識的にとり入れ、その反面、占領した国々の国民感情や伝統はないがしろにした。もっともそのために彼の統治はまたたくまに破綻してしまったのだが。

四七六年に西ローマにとって代わってヨーロッパの主人となった、あの野蛮人（ゲルマン人）どもの王国のあとを継いだのが、国民国家なるものだった。いまやその国民国家は、ナポレオン戦争を経てますます意気盛んとなり、これまでヨーロッパを束ねてきた「ローマ」という統合観念よりもはるかに強烈なパワーを発揮するようになったのである。一八一五年から一九一四年までの「偉大なるヨーロッパの世紀」、この時代のヨーロッパを突き動かしたのは他でもない、いま述べた「わが祖国への思い」、すなわちナショナリズムであった。

しかしこれもまた一つのヨーロッパであることに変わりはない。その際見落としてならないことは、ヨーロッパを指導した政治家たち、すなわちメッテルニヒ、ナポレオン三世、ビスマルクといった政治家たちが、たとえそれぞれの事情で愛国的なものに流されかけたとしても、決してヨーロッパ全体を見通す視野を失ったことはなかったということ、そして湧き起こるナショナリズムを巧みに利用こそすれ、そうしたナショナリズムにヨーロッパ全体の利害を踏みにじらせるようなまねだけは決してさせなかったということである。彼らのそれぞれがまるまる一世代の長きにわたって君臨し、自国のみならず、それを越えてひそかにヨーロッパ全体を統治した。

しかし、ひそかにやらなければならなかったところに、ヨーロッパの悲劇があった。なぜなら十九世紀になって、ヨーロッパの諸国民のごくありきたりの意識の中から、ローマという統合観念がこのときはじめてすっかり失われてしまったからで、そのようなことはそれまで一度もなかった。しかしその後二度の世界大戦で、ヨーロッパ人同士が無残な殺し合いをしなければならなかったのは、まさにそのため（ローマという統合観念が失われてしまったため）だったのである。

もちろんそれまでヨーロッパ内で、戦争がなかったというのではない。王朝同士の戦争、宗教戦争、政府間の戦争、そして十九世紀には国民戦争がひんぱんに起こった。しかし二十世紀の世界大戦までは、たとえ戦時といえどもヨーロッパ民族のあいだで、ヨーロッパ全体を包み込む連帯感ともいうべき感情が失われることは決してなかった。

つねに平和条約――それは対等の者同志が結ぶ真の平和条約であった――が締結され、戦後には連帯感が再構築されたものだった。いってみれば、四七六年から一九一四年までのヨーロッパの歴史は、二つの主題がたがいに織りなす交響曲のようなもので、その二つの主題とは、ローマという古い統合的なテーマと、多種多様な国民という新しいテーマからできていたのである。

ヨーロッパの統合が一世代も二世代にもわたってすっかり忘れ去られ、否定されたのは、二十世紀になってからのことだった。どこも自分の国がすべてであり、自分の国だけが大事なのだった。それまで長きにわたってそれぞれの国を結びつけていたものが、もはや機能しなくなったのである。その結果は誰もが知るところだ。

第一次世界大戦ではまだ勝者と敗者があった。そして勝者のほうが敗者よりも深刻なダメージを受けていたことが判明するのに、しばらく時間がかかった。しかし第二次世界大戦では、西ヨーロッパにも南ヨーロッパにももはや敗者しかいなかった。ヨーロッパ大陸で戦争に参加した者たちはみな、祖国の軍団が粉砕され、自国の民が難民と化し、首都が敵に占領されるのを目の当たりにした。

占領を免れたイギリスでさえ、表向きの勝利はじつは敗北であったことを認めないわけにはいかなかった。それが証拠にイギリスは戦後、次々と植民地を失い、経済はガタガタになり、それどころかイギリス本土の国民的統一さえ危うくなるありさまだった。ナショナリズムがヨーロッパを廃墟にしたのである。

戦後しばらくのあいだは誰もがこのように考え、振り子が振れ戻った。一九四五年からの十年は、ヨーロッパ復興の時代だった。それは戦いに敗れ廃墟と化した西ヨーロッパの国々が、忘れていた「ローマの統一」をとり戻そうとつとめたつかのまの共有時間だった。一九五七年に欧州経済共同体を成立させた条約が、ローマで調印されたのも決して偶然ではなく、それはむしろヨーロッパの統合を象徴する意味をもっていた。

というのも、このローマ条約には、たんなる経済共同体にとどまらず、さらに政治共同体をも誘発したいという思いがこめられていたからである。ハインリヒ・マンがすでに一九二〇年代に「ヨーロッパ帝国」として思い描いていたビジョンを、今ここに実現したいという思いが高まっていた。各国の利害を超えた大ヨーロッパ、カール大帝とナポレオンが思い描いた、西ローマ帝国三度目の復活を、当時のヨーロッパはめざしたのだった。

それがついこのあいだのこととは、ほとんど信じられないほどだ。だがそれも今は、ただ老人の微笑をもって思い返すのみである。そう、今はもう不能となったしょぼくれ老人が、若い頃の放蕩を懐かしげに思い返すとき浮かべる、あの微笑をもってである。誰もが知るように、ローマの復活も、大ヨーロッパ誕生も実現しはしなかった。

翼はすぐに萎えてしまった。

ようするにヨーロッパ人は、あの二度にわたる自己破滅的な世界大戦で、大業をなしとげるためのすべての力を使い果たしてしまったのである。ナショナリズムを燃え立たせることですべてのエネルギーと創造力までも枯渇させてしまった、いまさらながらそんな気がしてならないのである。たしかに今のヨーロッパにも、ローマの名残りを認めることはできる。しかしそこにあるのはもはや、アウグストゥス時代の創造力に満ちた輝かしい姿ではなく、最後の皇帝ロムルス・アウグストゥルスに象徴される衰退期のていたらくでしかない。

ローマ時代と現代は似ているか

一五〇〇年前に起こったことと、いま起こりつつあることとは、おそろしく似通っている。もし今のヨーロッパ人が、ローマ末期にタイムスリップしたなら、おそらく中世の時代やルター、ゲーテの時代よりも居心地のよさを感じることだろう。それほどまでにローマ末期の技術文明や高度の生活水準は、現代と似通っているのである。「ローマ後期のブリタニア人たちが味わった住環境の快適さに、近代のイギリス人が追いついたのはやっと十九世紀になってからだった」とチャーチルは折に触れ述べている。似通っていたのは住環境ばかりではない。道徳の衰退、政治への無関心、伝統の喪失、勉強嫌いと教養の低下、早期リタイアへの渇望、これらもまた当時のローマ人と今のヨーロッパ人とは酷似している。

　たしかに、あれも似ているこれも似ていると、あまりにも重箱の隅をつつきすぎると、本当の意味での比較ができなくなってしまうということはある。しかしそれにしても、両者の類似点には、どうしても見逃すわけにはいかないいくつかのポイントがある。

　たとえば当時、国境の防衛は手なずけたゲルマン人に任せていたが、それは現在ヨーロッパの防衛をアメリカ人に任せているのと同じである。また遠くの辺境の地は、まつろわぬ野蛮なゲルマン人に任せきりにしたが、それは今のイギリスがアフリカの植民地を、アミンやその後継者たちに好き放題にさせて肩をすくめているのと同じである。やがてゲルマン人が帝国内に浸透しだし、いつのまにかあふれるほどになった。雇われていた外国人（ゲルマンの）労働者たちが、いつのまにやら支配者になっていた。何か大変なことでも起こったのか？

　事実、四七六年の西ローマ帝国の滅亡は、劇画を見るようにドラマチックに起こったのではなく、ほとんど誰も気づかないほどさりげないものだった。ゲルマンの傭兵隊長オドアケルが王となって、少年皇帝ロムルス・アウグストゥルスを年金生活へと追いやったときも、ローマ市民の心地よい退屈な日々の生活には、ほとんど何の変化もなかったのである。新しい主人たち（すなわちゲルマン人たち）は読み書きもできず、食事も手でつまんでとるありさまだったが、そんなことは笑い飛ばせばそれですむことだった。

しかしそれからはすべてが変わっていった。むろん急激に変わったのではない、しかしそれだけに根底から変わっていった。オドアケルの天下は長く続かなかった。別のゲルマン人、すなわちテオドリック王に率いられた東ゴート族がオドアケルを倒したのである。

やがて西ローマの地は、次々と押し寄せる蛮族たちの絶えざる戦争の修羅場と化した。東ゴート族はランゴバルド族に追いやられ、西ゴート族はヴァンダル族に追放された。フランク族はザクセン族と戦い、アングル族とザクセン族は、ヴァイキングとノルマン人を相手に戦った。法と国家は滅び、殺戮と略奪が日常化した。都市は活気を失い、ついには衰退した。港湾から人がいなくなり、上水道や運河は砂や泥で埋まった。

ローマの終焉は流血の惨事もなく、ほとんど牧歌的な雰囲気の中で進行したが、それに続く二百年はまさに「暗黒時代」だった。この時代の歴史はほとんど伝わっていない。おそらく誰も思い出したくなかった、もしくは後世に思い出させたくなかったからだろう。文明というのは、いかに物質的に繁栄していても、芯となる精神が失われれば、またたくまに滅んでしまうものなのだ。戦って守らなければ、失われるのみである。そして失った後の痛みは、いくら薬でごまかしても、癒やされるものではない。

これが千五百年の時を越えて、今の私たちの耳に聞こえてくる歴史の教訓である。むろん歴史が、寸分たがわず同じようにくりかえされることはないだろう。歴史はさまざまな時代のさまざまな民族によって奏でられる変奏曲のようなものだからである。もっともそういったところで、ほんのなぐさめでしかないが。

（未発表）

第2章 人工国家プロイセンの興亡

ワイマール時代のプロイセンは
すでにいくつかの点で
現代のドイツを先どりしていた

またたくまに消えた大国

プロイセンの歴史は大まかにいっておよそ二百五十年、厳密には一七〇一年から一八七一年までのわずか百七十年しか続かなかった。なぜ一八七一年でおしまいかというと、それはこの一八七一年にドイツ帝国が建設されて、それ以後建国の立役者だったプロイセン国家の影がしだいに薄くなって、やがて消えてしまったからである。

一九四七年、第二次世界大戦の戦勝国がプロイセンの消滅を宣言したとき、当のプロイセンはとうの昔に死んでいた。ではさかのぼって一七〇一年以前に、なぜプロイセンが存在しなかったかといえば、それは当時はまだホーエンツォレルン家を君主とするブランデンブルク選帝侯国があるにすぎず、その選帝侯国を本拠に東西の辺境地に同家の領国が散らばっている程度だったからである。そして一七〇一年、東プロイセンのケーニヒスベルクでフリードリヒ一世がプロイセンの王冠を獲得したときでさえ、プロイセン王国と呼べるようなものはまだ実現されておらず、やっと王国の青写真ができあがったばかりだった。

そんな青写真にすぎなかった小国が、十八世紀になってたちまち大国にのしあがってゆくさまは、たしかにそれ自体驚嘆に値する歴史のひとこまである。しかしそれを詳細にながめる前に、ふと立ち止まって考えると、どうも不思議な気がしてならないことがある。つまり一つの国家がいきなり出現して、短い花火のようにちょっとのあいだ精彩を放ち、やがて消え去ってしまう。そんなおかしなことがあるのだろうか。

ヨーロッパ各国のみならず、ドイツの領邦国家もたいていは長い歴史をもち、それぞれ強靱な生命力で粘り強く生き抜いてきた。バイエルンはすでにカール大帝の時代から存在し、今日なお続いている。ザクセンは宗教改革の時代に大きな役目を果たし、現在はいくつかの行政区に分かれてはいるものの、依然その名をとどめている。これに対してプロイセンは、三十年戦争の時代（すでにバイエルンもザクセンも存在していた）にはまだ産声すらあげていなかったのに、今日すでに過去のものとなっているのである。

純粋理性国家の強みと弱み

この違いは何なのか、その原因を追ってゆくと、すぐに一つの基本的な事実にぶつかる。ひょっとするとこれこそ、プロイセンの歴史をかたちづくる基本的な事実かもしれない。つまり、この国はかなり抽象的な性格の国家だったということだ。

たとえばバイエルンのように、たいていの国は土着の住民が自然に下から築きあげた地縁的政治組織の姿をなしている。ところがプロイセンというのは、土着民の匂いのしない、純粋に人工的につくりあげた国家、いってみれば国家という名の芸術作品のようなものだった。統治システムも行政システムも軍事システムも、まるでテントのようにどこへでももち運びができ、どんな一族にも、どんな民族にもすっぽりおおいかぶせることができ、はじめから領土的に分散していたがために、いわば随意気ままに利用してもらうことを旨としていたのである。

こうしたところにプロイセンという国家の大きな強みがあり、またそこにひそかな弱点も潜んでいた。プロイセンという国は、それが国家として機能しているかぎりは、ほとんど無限といえるほど膨張が可能だった。しかしひとたび機能しなくなると、たちどころに存在することさえやめてしまう。そして一度存在するのをやめてしまうと、二度と再生できなくなってしまう。つまりプロイセンという国は、再生可能な生命体ではなく、一度壊れたら二度ともとに戻らない玩具のようなものだったのである。現代のドイツ人にはまさかと思われるかもしれないが、今日なおシュレージェン同郷会やポメルン同郷会なるものが存続している。だがプロイセン同郷会などは存在しない。そこまでしてプロイセンの名を残そうとはだれも思わなかったのである。その意味でプロイセンは、血の通い合った民族が築きあげる国民国家ではなく、純粋理性が機能しあう合理国家だった、そしてそれがまたプロイセンの強みでもあった。

ポーランドにシュレージェンという地方がある。このシュレージェンの人々は、自分たちがかつてプロイセン人だったことを今ではすっかり忘れているが、シュレージエンといえば昔はプロイセンの根幹をなしていた。シュレージェンの人々はたいへん善良で、有能で、忠誠心の強いプロイセン国民であった。征服され、否応なくプロイセン人にされてしまったにもかかわらず、である。十八世紀の流行《はやり》文句にこんなのがあった。

好きでプロイセン人になったわけではないが
なってしまえばありがたいもんだ

たしかにプロイセンという理性国家には、何か硬くて金属的で機械的な、いわば無情冷酷な性格が備わっていた。しかしそこには同時に、感情を超越した醒めた自由というか、公明正大で寛容な精神も行きわたっていたのである。そしてこうした一種非人情な無関心主義が、下に仕える臣民にとってはかえって心地よいものだった。

　他所では魔女狩りが日常茶飯だったが、プロイセンではそんな悪弊はもうおこなわれていなかった。バロック時代を髣髴させる拷問やむごたらしい処刑も、プロイセンでは他所よりも早く廃止され、強制的な改宗や宗教弾圧もなかった。プロイセンでは誰もが言論の自由を許され、すべての人々に平等の権利が与えられていたのである。

　ポーランドでは一七七二年以来、何百万ものポーランド人がプロイセンに併合されていたが、このプロイセン領のポーランド人たちはあの悪名高い「ゲルマン化政策」に苦しめられてはいなかった。彼らがゲルマン化政策に苦しむのは、百年後のドイツ帝国の時代になってからのことで、それまでは当然のことながらドイツ人ではなく、ポーランド人であり、ポーランド語を話し、教会での説教も学校の授業もポーランド語でおこなわれた。つまり彼らはプロイセン国家におけるポーランド臣民であり、他のプロイセン臣民とまったく同等であった。

　このようにプロイセンというのは、偏見のない、理性的で現実的で公明正大な国家だった。国家に対して義務を果たせば、国家のほうも臣民に対して権利を与えたのである。

　プロイセンという国家が、ほとんど無限といえるまでに膨張できたのはこのためであった。ここでいう膨張とは、たんに領土を征服して大きくなるということだけではない。征服した領土を実際に組み込んで経営し、そこからさらに新たなパワーを生み出してゆくという意味である。しかしこのような国家は、一度機能しなくなると、異様なまでにあっさりと臣民にとって用のないものとなってしまった。

「軍隊が国家を所有した」の実像

プロイセンの臣民になるということは、それをすすんで受け入れるだけでなく、いろいろな意味で心地よいことであった。プロイセンという国ほど、秩序と、法による安全と、良心に従って行動する自由が得られる国はそうざらにはなかった。プロイセン人であることは、ある意味で誇りでもあった。

しかしプロイセン人であることは、決して必然的なこと、生まれながらの運命などではなかった。フランス人やイギリス人やドイツ人なら、自分は生まれながらのフランス人（イギリス人、ドイツ人）であるということがいえる。またバイエルン人やザクセン人の場合でも、自分は生粋のバイエルン人（ザクセン人）であるといえる。しかしプロイセン人だけは、生まれながらのとか、生粋のということがいえなかった。

プロイセン国籍は、他の国の国籍と比べてはるかに容易に交換することのできるものだった。前にも述べたように、プロイセン国家というのはまるでテントのように、どの民族の上にもすっぽりかぶせてしまえるもので、その際さして迷惑のかからない性格を備えていた。そしてふたたび「とり外す」ときにも、やはりテントと同じく、その下にいる民族に混乱や破局をもたらすことはほとんどなかった。

プロイセン国家というのは、自然治癒力を備えた有機体のようなものではなく、不思議な構造をもったマシンのようなものだった。あくまでつくられたものであり、そこからさらに成長するものではなかった。しかもこのマシンはもっぱら、軍事力の拡大と征服戦争によって生み出されたものだったのである。

しかしこんなことは、十八世紀においてはさして特別なことではない。当時はヨーロッパはみな軍事国家であり、どの国も征服戦争をおこない、勝てば大威張りだったのである。ただプロイセンの場合、やり方が度外れていた。軍人王と呼ばれたフリードリヒ・ヴィルヘルム一世時代のプロイセン国家は、まだ小国であるにもかかわらず、大国並みの軍事力を備えていた。そして息子のフリードリヒ大王は、当時ヨーロッパ中が仰天するような大胆さで、父親から譲り受けた軍隊をフルに活用したのである。

しかしこれは専制君主のたんなる気まぐれではなかった、それなりの理由があったのである。ちょっと地図を見さえすれば十分理解できる。当時プロイセンは、一七〇一年に王国を宣言したものの、まだ真に王国と呼ばれるだけの内実を備えておらず、六つか七つの切れ端のような領土が、散り散りばらばらにあるだけだった。多少大きめの領土としては、ブランデンブルクと東プロイセンが東にあるくらいなもので、西には半ダースに満たない小さな領土が散らばっているだけだった。耕地整理を隅々まで行きわたらせることで、領土の貧弱さをカバーしていたが、王国としての存在をアピールするにはまだまだ大きくなる必要があった。

いずれにしてもプロイセンの軍国主義は、当時のヨーロッパ諸国にとってもすでに不気味だった。「他の国では国家が軍隊を所有しているが、プロイセンでは軍隊が国家を所有している」と十八世紀の八〇年代にミラボーは述べているが、これはある意味でそのとおりだった。たしかにプロイセンの軍隊は、領土や人口と比べてあまりにも大きすぎた。当時プロイセンを旅行した者はたぶん、巨大な兵舎か陣営を通り抜けているような気がしたにちがいない。

しかしまた別の意味からすれば、そうともいえなかった。なぜならプロイセン軍が国家を統治したり、政治を決定しようとしたことなどは一度たりともなかったからで、その意味で軍隊が国家を「所有する」など決してありえなかった。プロイセンの軍隊は世界一軍規の厳正な軍隊であり、軍事クーデタなどとうてい考えられなかった。軍隊はあくまで国家の道具であり、勝利の切り札、いわば秘蔵っ子であった。

だから軍隊のためなら国は何でもした。軍隊を中心にすべてがまわり、軍隊に国の興廃がかかっていた。この国は軍隊に占領されてはいなかったが、軍隊の世話にかかりきりであった。そして当時としてはきわめて近代的な財政政策、経済政策、人口政策をおこなっていたプロイセンであったが、これもとどのつまりはすべて戦争に勝つため、すなわち軍隊を強くするためだった。

「人こそは最大の宝」

十八世紀にプロイセンがとったもっとも評判のよい政策は、人口政策と入植政策だった。しかしこのもっとも評判のよい政策も、ようはもっとも評判の悪い政策、すなわちプロイセンの軍国主義政策に役立てるためのもので、このあたりの奇妙な絡み合いにプロイセンという国の特質があった。

十八世紀のプロイセンは、弾圧や迫害や辱めを受けた者にとっての避難所となった。それはほとんど十九世紀のアメリカといってよかった。十八世紀の百年間、亡命者や宗教的迫害を受けた人々の群れが、プロイセン国内にどっと流れ込んだ。フランスのユグノーたち、ザルツブルクのプロテスタントたち、ローマ教会を否定したヴァルド派の信者たち、メノー派教徒たち、スコットランドのプレスビテリアンたち、そしてユダヤ人、中には厳格なプロテスタント国でやりきれなくなって逃れてきたカトリック教徒もいた。

「イスラム教徒が来たなら、モスクを建ててやるがよい」とフリードリヒ大王は言った。「みな大歓迎だ。みな自分の国の言葉を話すがよい、自分の国の習慣を守り、自分なりの流儀で心地よく暮らせばよいのだ」

プロイセン国家にとっては、どんな新参者も大歓迎だった。傑出した者ならば、たとえ外国人であってもただちに高位高官に召し抱えられた。このあたりはすべてがすっきりしていて、人民に対して好意的だった。プロイセン政府は、外国人に対してきわめてリベラルな受け入れ政策をおこなって、人民に対する好意を前面に押し出してみせた。しかしこのような友好的な態度は、あくまで国策のための手段にすぎなかった。本来の目的は、何といっても軍事力の強化にあった。

王は兵隊を必要とした。そして国家は、兵隊に食事や衣類や武器を提供する人間が必要だった。プロイセンはもともと領土的には飛び地ばかりで、人口もすくなかった。国家としての土台を固めるには、領土と人口を豊かにするしかなかった。領土が豊かになれば人口が増え、人口が増えれば領土も豊かになる。

「人こそは最大の宝」とフリードリヒ・ヴィルヘルム一世は国策の要諦を説明した。息子のフリードリヒ大王はさらに具体的に原則を述べた。「真に強い国家となるには、人口を増やすことが最重要である」と。どんな人間でもかまわぬ、とにかく人を増やせ。強い軍隊をつくれ、そしてその軍隊の力を借りて領土を増やせ。これこそは、プロイセンが十八世紀の偉大な専制君主のもとに成し遂げた、驚嘆すべき成功の秘訣だった。

軍国プロイセンのあっけない終焉

実際にプロイセンの国策は見事に実を結んだ。その意味で十八世紀のプロイセンの歴史は、完璧なまでに栄光の歴史であったといえる。十八世紀のはじめプロイセン王国が誕生した頃、この国を王国などと呼ぶのはほとんど冗談といってよかった。しかしその世紀の終わりにこの国は、真の強国になったのである。むろんヨーロッパの他の列強に比べれば、まだ最小であったが、それでも一等国の一員として認められ、自己の存在を知らしめたのだった。

国土は（はじめは国土などと呼べたものではなかったが）エルベ川からウィスラ川にまで及び（一七九五年以来ワルシャワはプロイセンの一州都となっていた）、勢力範囲もエルベ川からライン川にまで広がっていた。プロイセンと一時友好関係にあったナポレオンは、一八〇四年プロイセン王フリードリヒ・ヴィルヘルム三世に対して、「プロイセン皇帝」を名乗るよう勧めたほどで、このときはもはや冗談でもなんでもなかった。

もっともこの二年後に突如として破局が襲いかかったのだが、すでに五十年前の七年戦争に際して、プロイセンは数年にわたって絶望の淵に立たされたことがあった。ここでは、プロイセンがおこなった勝った負けたの戦争の歴史をくどくど述べるつもりはない。ロスバッハ、ロイテン、コリン、ツォルンドルフ、クーネルスドルフ、後にイエナ、ライプツィヒ、ワーテルローなど戦場の名をつらねるだけでもう十分すぎるくらいだろう。誰もこれ以上くわしく知りたいとは思わないだろうし、また知る必要もない。プロイセンの歴史を知るうえで、どうしても考えておかねばならないのは次のことだ。

すなわち一度戦争で負けたら、国家の存亡が危うくなるなどという国は、当時のヨーロッパではプロイセン以外どこにもなかったということである。フランス、イギリス、スペイン、ロシア、そして当時はまだオーストリアも、みな堂々たる大国であり、これらの国を抜きにヨーロッパはありえなかった。しかしプロイセンは度外視していっこうにかまわなかった。どんなに戦争に勝っても、プロイセンに対する外《の》け者扱いは変わらなかったのである。

それほどまでにプロイセンという国は新しく、プロイセンなしのヨーロッパに人々の記憶は慣れていた。当時、プロイセンなしで不自由する国などどこにもなかったのである。プロイセンの存在は、ほとんどの近隣諸国にとって、ただ平穏をかき乱す邪魔者でしかなく、それゆえ誰もこんなちっぽけな国を、ヨーロッパの列強に仲間入りさせようとは思わなかった。だからプロイセンとしては、強引に割り込んで、強引にのしあがるしかなかったのである。強靱な精神力と権謀術数、傲慢さと悪巧みと勇猛果敢な英雄行為を駆使して、プロイセンは一世紀のあいだにそれをやってのけた。すでにこれだけで見どころ満載の大ドラマである。

しかし、この国は好かれる国にはなれなかった。列強のあいだでは、あんな国は滅ぼしてしまおう、あの領土を分割してしまおうといった計画がつねに飛び交っていた。何もないところからいきなり現われ、出し抜けに存在したこの国の基盤は、あらゆる点でもろく、つねに滅亡の淵に立たされていた。今日跡形もなく消え去ってしまったプロイセンだが、その種は早くから蒔かれていたのである。

すでに七年戦争のとき、あわや滅亡の危機に陥ったプロイセンだが、一八〇六年にナポレオンに惨敗を喫すると、ふたたび破局の危機に追い込まれた。二度とも滅亡を免れたのは、ひとえに類まれなる幸運のおかげだったが、それでも超人的な粘り強さがなかったら、どんな幸運も手遅れとなったことだろう。

この二度目の危機、すなわちナポレオンに惨敗を喫した後のプロイセンは満身創痍であり、すっかり変わり果てていた。なるほど十九世紀に入っても、なおプロイセンの歴史はいましばらく続き、派手なエピソードにも事欠かない。しかしプロイセン国家の栄光の歴史は、ナポレオンの時代で終わったのだった。

今日なお私たちを魅了してやまない古典的なプロイセンの姿、冷たく、青白く光る、揺るぎのない、厳格な中にも啓蒙された、進歩的で自由な精神のみなぎるあの理性の国、そのようなプロイセンは、ナポレオンの時代を生き抜くことはできなかったのである。一八一五年、ひとたびは埋もれたその廃墟の中からふたたび浮かびあがったプロイセンは、すでに姿を変えた、別のプロイセンだった。

軟弱なロマン主義国家への変貌

その短い歴史の中でプロイセンは、三度、四度とまったく別の役柄を演じ、二度もしくは三度、国家の性格まですっかり変えた。だから「プロイセン」という場合、どのプロイセンのことをいっているのか、そのつど説明を加えなければならない。これは一つには、プロイセンという国家が自然発生的に生み出されたものではなく、人工的につくられたものだったことと関係している。

みずからをつくりあげ、そのつくりあげたものを次々と乗り越えていかねばならなかったところに、プロイセンという国家の宿命があった。そのためかこの国は、地理的に確固たる地盤をもたなかった。一七四〇年から一八六六年まで、プロイセンはドイツとヨーロッパの地図の上を、まるでガラス板の上に落ちた水銀球のように、あちらこちらへと滑り続けた。そしてそれに応じて内部構造も何度か変わった。

まず十八世紀に古典的プロイセンの雄姿があった。次にナポレオンからビスマルクまでのおよそ半世紀のあいだに、ロマン主義的な軟弱プロイセンが登場した。それからビスマルクの時代に躍り出て、第一次世界大戦まで機能したのが、ドイツ・ナショナリズムのプロイセンだった。そして最後に、あえていえば後日譚のようなものとして歴史の舞台を通り抜けたのが、ワイマール時代の共和制・民主主義プロイセンだったが、これは興味深いことにいくつかの点で現代のドイツ連邦共和国を先どりしていた。

しかしまずはじめに、ナポレオン戦争の試練をどうにかくぐり抜け、すっかり変身して再登場したプロイセンの姿をながめてみることにしよう。それは王政復古を象徴する反動的・小市民的な、ロマン主義プロイセンだった。

十八世紀の古典的プロイセンは、進取の気性に富んだ、戦闘的で、精神の自由を謳歌する啓蒙主義の国だった。これに対して王政復古時代のプロイセンは、反動的で平和的でしとやかな、まさにロマン主義の国だった。このロマン主義プロイセンの時代に、ベルリンを中心にティーク、アルニム、フケー、シャミッソーといった、ロマン主義の詩人たちが活躍したのもたんなる偶然ではない。もっともこの時代は、ヨーロッパ中がロマン主義全盛で反動復古的だったのであり、プロイセンはいわば時代の流れに忠実だったのである。

それと同じくナポレオンの時代にも、プロイセンは時の流れに忠実だった。それなりのやり方でフランスの近代思想をとり入れ、それを国内の政治改革で実践しようと試みたからである。しかし改革はさしたる実を結ばず、結局は旧体制の列強連合に加わって、みんなでナポレオンを倒したのだった。このことによって改革派の気勢は挫かれはしたものの、しかし旧体制側に身を寄せたことで、プロイセンは迫りくる国家の瓦解や滅亡を免れたのである。メッテルニヒ時代のプロイセンは、暗黙の処世訓として次のような言葉を胸に刻み続けた。「とにかく助かることが先決だ」

こうしてプロイセンは、何よりも平和を愛する、それどころか臆病で、しとやかで控えめな、しかし国内的にはきわめて保守反動的な国家になった。対外的には、一八一三年のライプツィヒの戦いで救いの手を差し伸べてくれたロシアとオーストリアにおずおずと親しげに擦り寄り、というよりしがみついて、この両大国と同盟を結んだのだった。

プロイセン王フリードリヒ・ヴィルヘルム三世は、一八三五年の遺言で後継者にこう戒めた。「ヨーロッパの列強の下でできうるかぎり協調を怠らないこと。とりわけプロイセン、ロシア、オーストリアは決して離れてはならない。この三国が一致協力することこそ、ヨーロッパ大同盟を維持する要《かなめ》なのだから」

これを一七七六年にフリードリヒ大王が書いた、あの政治的遺言の結びの言葉と比較してみるがいい。「国内のまとまりと、国境の拡大がこれ以上申し分のない状態にまで達しないかぎり、君主たるもの近隣諸国への警戒を怠ってはならないし、国家の存亡にかかわる敵の攻撃はつねに防ぎ止めなくてはならない」

なんという違いだろう。十八世紀の古典的プロイセンは、どこまでも前に突き進む、勇猛果敢ないわば海賊国家だった。ロマン主義プロイセンは、ナポレオン戦争を命からがらくぐり抜けた後、小市民的なぬるま湯生活にやれやれとばかりにどっかとつかり、戦争はもうこりごりとほっと息をつく、いわば堕落した成金国家だった。

こんな小市民的なプロイセンを、もはや軍事国家と呼ぶことはできない。自慢の軍隊は訓練がなおざりにされ、ずいぶんたるんでしまっていた。一八五九年のフランス・オーストリア戦争のときは、出陣はしたものの、どちらに矛先を向けたらよいかわからず空回りに終わってしまった。一八六四年の対デンマーク戦争ではデュッペル要塞を陥落させ、ベルリンのウンターデンリンデンで勝利を祝って祝砲を撃つことになった。ところが、いったい何発撃てばよいのか誰もわからず、昔の記録を調べなおさねばならぬ始末だった。

こんなプロイセンがふたたび軍事国家になれたのは、ヴィルヘルム一世の時代（一八六〇年代はじめ）に、軍制改革をおこなったおかげである。ちなみにこの軍制改革は、かの有名な憲法紛争にまで発展し、これをきっかけにビスマルクが政権を握ることになった。とにかくナポレオンからビスマルクまでの五十年間、プロイセンはただの一度も戦争をしなかった。

この時代にプロイセンの軍隊が出動したのは、一八四八年から四九年にかけて、民主的改革を求める大衆の反乱を鎮圧したときだけで、これはあまりにも不名誉で悲しい任務だった。このことで反動平和ボケ国家プロイセンの評判は悪化したが、これは十八世紀に進歩的・戦闘的な性格で悪名を馳せていたことと、ある意味で似通っていた。いずれにせよ一八四八年以前から、すでにこの国は「煽動家迫害」で悪評を買っていたのだった。

しかし奇妙なことに、こんなていたらくを続けていたプロイセンがまさにこの時期、ドイツ民衆のナショナリズム運動の推進役となって、ドイツを国民国家として統一することにみずからの使命を見出すことになったのである。プロイセンは、オーストリアを除けばドイツ連邦内で唯一の大国であり、しかも多民族国家のオーストリアと違って（プロイセン領ポーランドを除けば）ドイツ人が圧倒的多数を占めていた。またドイツの西部と南部で当時プロイセンは憎まれると同時に期待されるという、いわばこわもての存在だった。つまり民衆蜂起の弾圧者としては恐れられたが、ドイツ・ナショナリズム運動の牽引車としておおいに衆望を集めていたのである。

しかしこのようにドイツ国民運動の指導役と見なされながら、当のプロイセンは半世紀ものあいだ、まったくそのことを自覚しようとはしなかった。「国民運動だって？　それは民主主義を実現すること、つまり革命じゃないか。くわばらくわばら」。

これがプロイセンの態度だった。

だがそれからビスマルクが現われ、彼の指導のもとでプロイセンはそれまでの守りの姿勢を転じて、みずから打って出たのである。若い頃のビスマルクは、ドイツ・ナショナリズム運動の支持者などではまったくなかった。その反対で、一八四八年、四九年の市民革命のときなどは、頑迷固陋《ころう》このうえないプロイセン一国至上主義者であり、ナショナリズムに陶酔する民衆をつねに馬鹿呼ばわりするほどだった。

彼が一八五一年にプロイセン代表として、フランクフルトのドイツ連邦議会に派遣されたのも、本来はそうしたナショナリズムに対抗するためだった。しかし一八五一年から五九年までのフランクフルト時代に、ビスマルクはプロイセンとオーストリアの主導権争いにかかわるようになり、そうした中でしだいにナショナリズム運動、さらには民主主義・革命運動までをもプロイセンの味方につけ、その力を借りてオーストリアに対抗しようと考えるようになった。しかしこの時期はまだ、ドイツ統一をいっきに推し進めようとまでは思わなかった。

つまりこの時点ではまだ、プロイセンの国益を第一に考えていた。プロイセンが新興勢力としてドイツ連邦での主導権を握り、旧勢力のオーストリアには退いてもらう。ナショナリズム運動は、権力闘争の道具としてプロイセンの役に立ってもらうことにしよう、これがビスマルクの目論見だった。この逆説的な、しかし鋭い目論見はその後の結果からするとたしかに、輝かしい成功を収めたかに見える。

しかしヴェルサイユにおけるドイツ皇帝戴冠式の前夜、涙ながらに次のようにもらしたプロイセン王ヴィルヘルム一世（彼は翌日初代ドイツ皇帝となった）のほうが、はるかに物事の本質を深く見据えていたのではなかったか。「明日はわが人生でもっとも悲しい日だ。古きプロイセンを葬らねばならないのだから」

ドイツが統一されドイツ帝国が生まれることでプロイセンが不要になってしまうことを、ビスマルクは憂慮していなかった。独立した領邦国家の連合体である旧ドイツ連邦の中では、オーストリアが主導するにせよ、プロイセンがヘゲモニーを握るにせよ、ともかく指導的地位を担う国が存在した。しかし統一された国民国家（すなわちドイツ帝国）の中では、いくら最大の領邦国家といえどもそれはもはや帝国全体の一部を構成する一州でしかなく、したがって主導権を握ることはできないのである。

ビスマルクは憲法にさまざまな小細工をして、プロイセンの主導権獲得を画策したがむだであった。その意味でヘーゲルの言ったことは的を射ている。「観念の帝国が革命で現実となったら、それまでの現実はもはや居所がなくなるのである」

プロイセンからヒトラーは生まれなかった

ドイツ帝国を建設することで、ビスマルクは観念の帝国を革命を起こして現実のものとした。プロイセン人たちもドイツ帝国の中で、もはや自分たちを第一にプロイセン人だとは思わず、ドイツ人であると自覚するようになった。ビスマルクが残したドイツ・ナショナリズムのプロイセンは、もはや昔のプロイセンではなかったのである。

そのことを誰よりも感じていたのは、当のビスマルク自身であった。若き皇帝ヴィルヘルム二世に対して彼はあるときこんなことを言った。「ドイツ帝国は可もなし不可もなしです。プロイセンを強くすることだけを心がけてください。それ以外はどうでもけっこうですから」

しかしこんなことを言ったところで、すでに後の祭りだった。若き皇帝にはビスマルクが何を言っているのかさっぱりわからなかった。何しろヴィルヘルム二世はすでに押しも押されもせぬドイツの皇帝であり、プロイセン王の肩書きなどはほんのおまけにすぎなかったからである。

プロイセンがいかにとるに足らない存在になっていたか、それはビスマルクが政治の舞台から退場して四年後にあきらかになった。このときバイエルンの侯爵ホーエンローエがドイツ帝国の宰相になったが、彼はそれと同時に自動的にプロイセンの首相にもなったのである。ビスマルクの感覚からすれば、プロイセンの首相がつねに帝国宰相を兼ねるというのが筋だった。ところがビスマルクの存命中すでに、すべてはさかさまになってしまったのである。つまりバイエルン人でも帝国宰相になることができ、そのためプロイセンの首相にもなれた、だからバイエルン人がプロイセンを統治することになったのである。

これに対してプロイセンの人々が、何らかの抵抗を示したという話は伝わっていない。それから一世代後の一九三二年、ついにプロイセン政府が廃止され、プロイセンが帝国総監の管轄下に編入されることになったが、このときもプロイセンの人々はまったく何の抵抗も不平不満もなしに、この処置を受け入れたのだった。

このような最後の、すでに共和国となったプロイセン、これは東プロイセンの社会民主主義者オットー・ブラウンが率いた政権だが、これについてすこし述べることにしよう。ブラウンの伝記が出版されたが、この本のサブタイトルに「プロイセンの民主主義的使命」とある。これを聞いて耳をそばだてる人も多いだろう。「何だって。ドイツを統一して国民国家を創設し、ナショナリズム的使命を果たした後のプロイセンが、さらに民主主義を実現したというのか」と。

事実をいえば、その全史を通じてプロイセンが民主主義国家だったことは一度もなかった。またその後の歴史、つまり本来のプロイセンが事実上姿を消した一八七一年から一九一八年においても、プロイセンは反動政治の牙城であり続けた。たとえば帝国議会が、とうの昔に普通平等選挙によって選出されていたのに対し、プロイセンでは依然として、納税額の高い順に有権者を三つのグループに分ける、あの三級選挙制が存続したのである。

しかしワイマール共和国における共和制プロイセンは、またしてもある意味で「お手本の国」となった。というのもワイマール共和国内ではほとんど毎年のように政権が交代していたのに対し、プロイセンだけはこの時期ほとんど同一政権、すなわち先に述べたオットー・ブラウンが政権を保ち続けたからである。当時人々はブラウンのことを、なかば嘲笑なかば驚嘆をこめて、「プロイセン最後の王様」と呼んだ。

事実、彼が貫き通した冷静で進歩的な政治スタイルには、プロイセン伝統の名君のほまれともいうべき威厳が備わっていた。ブラウン政権下のプロイセンでは、教育制度や刑の執行（行刑）の改革をはじめ、さまざまな改革がおこなわれ、力強く悠々とした統治がなされた。それればかりか、今日の政権に安定をもたらしている建設的不信任投票は、すでにこの時期にプロイセン政権が考案した制度だった。

しかしいずれにしても、この最後の共和制プロイセンというのは、プロイセンの全史からすればほんの付け足しのようなもの、いわば後日譚にすぎない。一八七一年にドイツ帝国が建設されてから、もはやプロイセンが歴史をつくることはなかった。それどころかドイツ帝国が成立するずっと以前から、すでにプロイセンの没落ははじまっていたのであり、ずっと後のヒトラーの登場を待つまでもなかった。

そして一九三二年七月二十日、当時の宰相パーペンが国防軍の中隊数個をプロイセン各省に送り込み、大臣らを帰宅させ、みずからプロイセン総監に就任したとき、プロイセンの歴史は終わったのである。

悲しい、どことなくふがいない歴史の幕切れだった。とりわけ前半の歴史が輝かしい偉大なものだっただけに、そういう印象がぬぐいきれない。しかしあの恐ろしいヒトラー帝国と破滅の運命をともにしなくてすんだのは、プロイセンとしてはまだしも不幸中の幸いだった。

第二次世界大戦後しばらくのあいだ、ヒトラー・ドイツ破局の責任をプロイセンに求めようとする試みがなされたが、それはうまくゆかず、今ではプロイセン断罪論はすっかり影をひそめている。第三帝国はヒトラーの帝国であり、第二次世界大戦はヒトラーの戦争だった。しかもヒトラーはプロイセン人ではなく、精神構造においてもまったくプロイセン的ではなかった。むしろヒトラーというのは、ケーニヒグレーツの戦いで敗れたオーストリアが、プロイセン・ドイツに復讐するために送り込んだ悪魔だったのだ、という説がプロイセン社会の中で冗談半分に流布されたほどである。

二十世紀におけるドイツの破局の罪を、プロイセンになすりつけることはできない。そもそも二十世紀は、もはやプロイセンの世紀ではなかった。それどころか、その前の十九世紀からして、すでにプロイセンは守勢にまわっていた。プロイセンはなんといっても十八世紀の国家だった。理性の時代の理性国家、自己保存以外に何の目的ももたない、純然たる国家として自己の目的を遂行してゆく以外何の理念ももたない、人工的につくられた国家だったのである。

十九世紀になって、民主主義とナショナリズムという二つの理念とぶつかったとき、プロイセンは苦境に追い込まれた。そしてこの二つの理念と、折り合いをつけようと試みたのである。フランス革命の民主主義思想に対しては、十九世紀はじめに改革をおこなって吸収を試み、ドイツ・ナショナリズムに対しては、五十年後ビスマルクによるドイツ統一というかたちで答えを出した。

前者、すなわち民主主義的改革については、ほとんど失敗したといっていい。そのためその後五十年ものあいだ、反動の時代が続いた。後者のナショナリズムのほうは、あまりにも成功しすぎたために、プロイセンが解消してドイツ帝国が生まれる結果となった。結局のところ、ビスマルクが成功したためにプロイセンは滅びてしまったのである。

（初出・バイエルンラジオ放送、一九七九年）

第3章 ビスマルクのドイツ帝国建設

ビスマルクの帝国建設は
一種の見事なトリックであった
しかしどんなに素晴らしい
トリックを用いたところで
決して恒久的なものはつくれないのだ

最初は統一を断念していたビスマルク

プロイセン王を世襲の皇帝として、オーストリアを除いたいわゆる小ドイツ主義によるドイツ帝国を打ち立てること、これがドイツの自由主義ブルジョアたちが、一八四八年以来掲げてきた目標であった。しかし一八七〇年から七一年の冬にかけて実現されたドイツ帝国の建設は、それを熱い思いで望んでいた自由主義ブルジョアたちによってではなく、大部分はそれをまったく望んでいなかったドイツの領邦君主たちによってもたらされたのだった。それは市民革命が生み出したものではなかった。そうではなく、プロイセンとフランスのあいだで戦われた王朝戦争の産物、あえていうなら副産物でしかなかった。

帝国の建設者はビスマルク、その意味で今日「ビスマルク帝国」と呼ぶのは正しい。しかしそのビスマルク自身でさえ、南ドイツの領邦国家群を、一八六六年に設立されたプロイセン主導の北ドイツ連邦に合体させ、それによって帝国へと仕上げようとまでは考えていなかったし、そうなるだろうとも思っていなかった。いずれにせよ一八六六年の時点で、彼はきっぱりとドイツ統一を断念していた。しかしそれは外交的な配慮からだけではなかった。ケーニヒグレーツの戦いでオーストリアを破った六日後、ビスマルクはパリ駐在のプロイセン大使に、なぜ自分はマイン川以北に留まって、全ドイツの統合ではなく、北ドイツの統合だけをめざすことにしたのか、その理由を次のように説明している。

「私はためらうことなく、北ドイツ連邦という言葉を口にしよう。なぜなら、この連邦の地盤を固めることが私たちには必要であり、そこに南ドイツ・カトリック・バイエルンの諸要素を引き入れることなど不可能だからである。とくにバイエルンが従順にベルリンから統治されるなどということはこれからもずっとありえないだろう。もしバイエルンを無理に従わせようとすれば、南イタリアによって全イタリアがそうなったのと同じように、全ドイツが機能不全に陥ってしまうだろう」

三週間後にビスマルクが息子に宛てた文面はもっと露骨なものだった。「われわれが必要なのは北ドイツであり、そこでふんぞり返りたいのである」。また同じ頃、彼はマイン川駐屯プロイセン軍総司令官宛の電報の中で、統一を求めるドイツ大衆のナショナリズム運動のことを「ナショナリズムに陶酔する馬鹿者ども」と呼んであっさり切り捨てている。

しかしそれから一年後には、もうすべてがすこしずつ変わりはじめていた。というのもこの一年のあいだに、ビスマルクはプロイセンの自由主義者たちと和解し、彼らと一種の政策協定を結んでいたからである。これはビスマルクからすれば、自由主義者たちが中核として掲げるナショナリズムの理念に配慮したかたちであり、彼らが抱く国家統一への思いに対して、すくなくとも好意的中立の立場をとることを約束したものだった。

一八六七年三月、ビスマルクはふたたびパリ駐在プロイセン大使に宛ててこう書いている。「これまでわれわれはマイン川の境界線を、われわれ北ドイツと南ドイツを隔てる壁のようなものとして受け入れてきた。それはこの境界線がわれわれの欲求や現実的な利害にかなっていたからである。しかしこの境界線はもはや壁ではなく、いまやナショナリズムの流れがそこを通って押し寄せる格子のようなものになってきているのではないだろうか」

ここでもまだ、国家統一を決断して帝国の建設者になろうという、大政治家の自負は現われていない。マイン川の境界線はビスマルクの目には依然として、「われわれ」

すなわちプロイセンの「欲求と現実的利害」にかなったものに映る。しかしナショナリズムの流れが、まるで格子を通すようにして押し寄せてくるならば、それは侮ることのできない強い力であり、考慮に入れなければならないという。

このようなどっちつかずの、アンビバレントな態度は、ビスマルクがこの年に実際におこなった政策によく表われている。すなわち彼は、南ドイツ諸国と軍事同盟を結び、さらに従来の関税同盟を南ドイツに拡大するため「関税同盟議会」を設けたのである。そしてこの関税同盟議会を選出するための全ドイツ規模の選挙が、一八六八年におこなわれたのだが、結果は以前から南ドイツにくすぶっていた反プロイセン感情がさらに激化したことを示すものだった。つまり南ドイツで選ばれた代議員たちの大半は、カトリック聖職者、連邦分立主義者、大ドイツ主義によるドイツ統一を唱える民主主義者といった、いわゆる反プロイセン派の人々だった。このような選挙結果はビスマルクをおおいに落胆させたが、彼はあっさりとこれを受け入れた。一八六八年五月、彼は次のように書いている。

「先におこなわれた関税同盟議会選挙の結果、南ドイツはさしあたって、北ドイツと関税協定および軍事協定以上の結びつきを求めていないことがあきらかとなった。北ドイツとしてはそれ以上のものを求める理由はない。なぜなら南ドイツと軍事協定を結んだところで、戦略的にはわれわれになんの強化ももたらさないからである。また政治的にもわれわれは、多種多様な要素からなる南ドイツと融合する必要などまったくない。何しろ彼らの国では、連邦分立主義者と民主主義者のどちらが、プロイセンにとって忌まわしい敵であるのかわからないのだから。われわれはみな心の中では、国民的統一を願っている。しかし思慮深い政治家としては、必要なことをまず先に片付け、それから望ましいことに着手するのが筋だろう。家の内部を改装して強化するのが先で、建て増しするのはその後である。ドイツが国民的目標を十九世紀のうちに達成するならば、それは偉大なことと思われる。しかもそれが十年、ましてや五年のうちになされるなら、それは異常なこと、思いがけない神の恵みといえるであろう」

いずれにしても、二年前はむろんのこと、一年前とも違って、いまやビスマルクはドイツの統一を望ましい目標と呼ぶようにまでなった。しかしそれは彼にとって、なお遠い目標であることに変わりはなかった。一年後にフランスとの戦争の危機がもちあがり、それと同時に南北ドイツが一致協力して戦争をおこなえば、ドイツ統一に恰好のチャンスを与えることになるだろうという希望的観測が飛び交ったが、そのときになっても、ドイツ統一は彼にとって遠い目標であった。一八六九年二月二十六日、ビスマルクはこう答えている。

「ドイツの統一が暴力的な事件によって促されることになる可能性はあると思う。しかし恐ろしい破局を招くかもしれない運命の定めと、いつそれをおこなうかの責任とはまったく別の問題である。歴史の発展に対して、ただ主観的な理由だけで勝手気ままな介入をおこなえば、それは熟していない果実を叩き落とすだけの結果しか生まないだろう。いまドイツの統一をやったところで、何の実も結ばないことは、私の目にはあきらかである」

さらに一年後の一八七〇年二月、南西ドイツのバーデンが北ドイツ連邦への加盟を公式に要求したとき、ビスマルクはこれをいらいらした態度で追い払ったが、このことからも彼の立場をはっきり見てとることができる。つまりこれは、久しい以前からオーストリア抜きのドイツ統一を決断し、それに狙いを定めて準備を進めてきた男のとる態度ではない。ビスマルクはただためらいながら、いわば状況に引きずられながら、ドイツの国民的統一という考えになじんでいったのであり、そのため彼がきわめて前向きな発言をするときにも、そこには何かしらリップサービス的な、できるだけ先延ばしにしたいような響きがあった。

このようなためらいを誰でも理解することができるだろう。ビスマルクは何よりもまずプロイセン人だった。だからプロイセンが南ドイツを支配して、これを同化することなどとてもできない、むしろプロイセンは統一ドイツの中に姿を消してしまうかもしれないと恐れたのである。

そしてこの考えが正しかったことは、後の歴史が示したとおりである。ちなみに彼は保守的地主貴族《ユンカー》であり、君主制支持者だった。これに対してドイツの国民的統一というのは、自由主義ブルジョアたちが望んだことであり、突き詰めれば民主主義・共和制の考え方だったから、ビスマルクの考えと合致するわけがなかった。

「ビスマルクはつねにわれわれの仕事の一部をやってくれている」と一八七〇年、フリードリヒ・エンゲルスはカール・マルクスに書いている。「彼なりのやり方で、またそういう意図もなく、しかしとにかくやってくれている」。もちろんビスマルクにとってこのような仕事（ドイツの国民的統一を成し遂げること）は、彼が所属する社会階層やプロイセン愛国精神の立場からすれば、あまり心地よいものではなかったろう。

しかしビスマルクという人間は、偉大なる現実主義者でもあったから、現実政治に照らし合わせて、ナショナリズム運動の流れを読みとって、それを最大限に利用したのである。すなわちナショナリズムの流れが逆らうことのできないものなら、これにあえて逆らう必要はない、むしろこの流れの先頭に立ってコントロールし、このナショナリズムという激流が、プロイセン国家の屋台骨やドイツの伝統的な封建体制を押し流してしまわないように制御しなければならない、そう彼は考えたのだった。

これを現実に即していうと次のようになる。すなわちドイツの統一は、南ドイツ四国（バイエルン、ヴュルテンベルク、バーデン、ヘッセン・ダルムシュタット）を北ドイツ連邦に加盟させ、しがらみのない連合体をつくる、その際あくまでもプロイセンがしっかりと主導権を握る、このようなかたちでのみドイツ統一は許される。しかもこの統一は、それを本来望んでいる自由主義政党や自由主義政治家たちによってではなく、もともとそんなことなど望んでいない南ドイツの領邦君主たちによって成し遂げられねばならない、むろんその見返りとして彼ら（領邦君主たち）にはたっぷりの特権、ほんの見せかけとはいえある程度の独立性を残してやらねばならない。

こうして誕生した建造物には「皇帝」「帝国」という偉大で威厳のある名称を付与して飾りたて国民感情を高揚させ、国民の夢をかりたてる。そうすることで真実から目をそらせる、すなわち本当の意味での国民国家などいまだ実現していない、国民はいまだに幼児性の中に眠っているにすぎないという真実から、国民の注意をそらすことが狙いである。

こんな突拍子もない芸術作品が、一八七〇年から七一年にかけての冬、ビスマルクの手によって完成された。その際彼が展開した手練手管には、ただ舌を巻いて驚嘆するしかない。もっとも、彼がつくりあげた作品は長くはもたなかった。そのことは作品の仕上げを見れば、不思議でもなんでもない。ビスマルクの帝国建設は、一種の見事なトリックであった。しかしどんなに素晴らしいトリックを用いたところで、決して恒久的なものはつくれないのである。

歴史の分岐点となった普仏戦争

ドイツのナショナリズム運動を後戻りできないものにし、ドイツの国民国家建設を強引に議事日程に組み込んだ事件、それが一八七〇年七月の普仏戦争（プロイセン・フランス戦争）であり、続く八月、九月におけるドイツ連合軍（訳注・プロイセン率いる北ドイツ連邦軍と南ドイツ諸国軍が連合した全ドイツ連合軍という意味）の破竹の勝利だった。ビスマルクがこの戦争を望み、意図的に引き起こしたかどうかは、今日なお歴史家たちのあいだで意見がまちまちであり、ここでは立ち入らない。たとえ詮索したところで答えは出ないだろう。

しかし一つだけはっきりしていることがある。それはたとえビスマルクが戦争を望んだにしても、決してそれは、戦争によって南ドイツ諸国の併合を無理強いするためではなかったということである。彼はそんなことを急いではいなかった。むしろ将来の成り行きに任せる気でいた。そのことはこれまで引用したビスマルクのこれに先立つ数年来の論調からあきらかである。それ以外にあれこれ憶測するのは、神話の類でしかない。

しかしドイツ諸国が一致団結して戦争したことが、ドイツ統一に一つの大きな弾みをつけたことはたしかである。そのことは、君主でありながら自由主義者だったプロイセンの皇太子やバーデン大公のみならず、ビスマルクよりずっと以前からドイツ統一を提案していた自由主義政治家たちもよく認識していた。プロイセン皇太子が、八月十二日にビスマルクに送った覚書には次のようにある。

「ドイツ人の祖国全体を統一するには、現在おおいに燃え盛っているこの国民的熱狂、それはわが連合軍の緒戦における幸運な勝利によってさらに勢いを増したたしかなものとなっているが、この国民的熱狂の炎を決して消し去ってはならない。神の助けにより全フランス軍に対する勝利が得られたなら、ただちにこの仕事（ドイツ統一事業）にとり掛からねばならない」

　またこの三日後、国民自由党の代議員エドアルト・ラスケルは、ビスマルクにこう書いている。

「国防力が整った後は、戦争の最終目標が問題となりますが、これはたんに職業政治家だけの課題ではないのです。私が言っているのは、領土獲得のことではありません。たしかに領土への欲求はかきたてられ、それはさまざまな状況によって決定されてゆくでしょう。しかし領土拡大はこの戦争の本来の目的ではありませんでしたし、たとえ領土を獲得したところで、国民はそんな褒美だけでは満足しないでしょう。それより今こそドイツは、南ドイツ諸国といちいち協定など結ばずに、連邦制というかたちで国家的統一を達成すべきなのです。そのことを国民はすでに本能的に、心の底から確信しています。もし統一が達成されないなら、はかりしれないほど深刻な落胆を生むでしょう」

そして統一を確信していたのは国民だけではなかった。ビスマルクの右腕で、国務大臣および宰相官房の長官だったルドルフ・フォン・デルブリュックも、九月のなかばにライムスからこんな報告を寄せている。

「大本営では、皇帝を頂点とするドイツの統一は容易に達成できるだろうと思われています。全ドイツ諸国の若者が一丸となって戦い、血を流して勝ちとった八つの戦いの結果、軍人たちの胸のうちでは、すでにドイツの統一は成し遂げられたも同然です。そして王の威光が全軍の将兵たちに降り注がれると、彼らはまるで魔法にかかったように、帝冠の輝きを当たり前のことと思い浮かべます。事実上すべてのお膳立ては整っています。後はただ望みさえすれば形はどうにでも整います。偉大な功業と成功によって高められた誇り高き精神が、ドイツ諸国の隅々までしみわたり、それがまた強い軍隊を生んでいます。もはやこの高揚した気分を無視したり、投げ捨ててしまうことはけしからんことにしか思われません。バイエルンやヴュルテンベルクあたりではまだ、こうした精神の高まりを無視したり、押し殺してしまう風潮があるようですが、そんな輩は腰抜け、臆病者呼ばわりされるのを覚悟しなくてはなりません」

ここでは、ブルジョアジーや軍隊のあいだで高まっていたナショナリズムの熱狂が、かならずしも南ドイツ諸国では共有されていなかったことが伝わってくる。

同じような気分は、ザクセン首相リヒャルト・フライヘル・フォン・フリーゼンが、九月十日ミュンヘン駐在ザクセン大使に宛てた省令にも表われている。
「どうやら、この戦争を体験した後ドイツ民族はふたたび以前の分裂状態に戻り、マイン川境界線は南北ドイツの越えがたい国境線として保持され、みなやれやれと安堵の胸をなでおろすことになるだろうと信じ込んでいるふしがあるが、それは見当違いもはなはだしいといわざるをえない。ナショナリズムの精神がまだ住民の大勢を占めていない南ドイツ諸国の首脳たちでさえ、戦後のしらけムードが国民運動の鎮静化に向かうのではなく、かえってそれを本質的に強化することになるだろうと覚悟せざるをえないのである」

ザクセンという国は一八六六年のプロイセン・オーストリア戦争でオーストリアに与して敗北し、それにより北ドイツ連邦に無理やり組み込まれていた。そのため本来立派な王国であったにもかかわらず、強大なプロイセンの輩下にあまんずるという、きわめて不本意な息苦しい立場に追い込まれていたのである。由緒あるザクセン王国としては、北ドイツ連邦が南ドイツに拡張されることが望ましく、そうなればプロイセンの締めつけからいくらか逃れられると考えていたようだ。さらに言えば、北ドイツ連邦が解体して、束縛のない全ドイツ的な連邦体制に刷新されることが、彼ら（ザクセン人）の利害にはかなっていた。しかし敗戦国である以上、彼らには影響力を行使することはできず、実際の交渉に際して、積極的な役割をはたすことがほとんどできなかった。

交渉はもっぱらビスマルクと、南ドイツ四国（バイエルン、ヴュルテンベルク、バーデン、ヘッセン・ダルムシュタット）のあいだでおこなわれることになったが、これら南ドイツ各国の考え方や態度には大きな違いがあった。バーデンは北ドイツ連邦への加盟に積極的、それどころか熱烈にそれを望んでいた。小国のヘッセン・ダルムシュタットはあまり乗り気ではないが、そうせざるをえないとあきらめていた。ヴュルテンベルクはどっちつかずの不決断。バイエルンは基本的には拒否、ただどうしても避けられないことだけは承認し、自国の独立はできうるかぎり守る、のみならず場合によっては譲歩の見返りとして領土の拡張も目論んでいた。

ちなみにバイエルンは、南ドイツ最大の、もっとも古く誇り高い国であり、交渉の成否はこの国が握り、当国も重々それを承知していた。バイエルンの態度は、ベルリン駐在のバイエルン大使がバイエルン首相、オットー・フォン・ブライシュタインブルク伯爵に宛てた手紙に典型的に表われている。

「それゆえ私としてはこう思うのであります。すなわちバイエルン政府は、政治状況、戦争がもたらす必然的結果、そしてドイツ問題、すなわち将来のドイツをいかに形成するかという問題についての国民の気分を考慮したうえで、ある程度は譲歩しなければならないということです。むろんどこまで譲歩するのか、その限界はあらかじめはっきり定めておかねばなりません。南ドイツの運命はバイエルンにかかっています。

原則としては、バイエルンの王冠や独立を損なう必要はまったくありません……おまけに状況はわが方に有利に働いています。というのも現在諸侯たちは、これまで以上に君主制を守ることに腐心し、そのためたがいに連携し合わねばならないからです。

バイエルンに対する尊敬の念、バイエルンが自力で成し遂げてきた功績への評価はたいへんなものであり、誰もがわれわれに一目置かざるをえないのが今の状況です」

さてビスマルクはこのような状況で、どのような態度に出たのだろうか。彼のとった態度はきわめて慎重で、控えめなものだった。ヴュルテンベルクの陸軍大臣に対して、彼は九月十七日、次のように述べている。

「われわれの原則は、あなたもご存じのとおり、南ドイツに対して決して無理強いしないということであります。もっとも連邦諸国同胞に対して、そのようなことをしようとしてもとてもできないでしょう。それゆえわれわれとしては、ドイツ問題に関して、あなたがた側から自発的に提案がなされるのを待ち望んでいるわけであります。しかしいくら待ってもなかなかそうはいかないので、あなた方の提案を促すため、われわれは、プロイセン、バイエルン、ヴュルテンベルクから成る諸侯会議を、ヴェルサイユに招集することを提案したのであります」

この諸侯会議は、当初はビスマルク単独の発意にもとづくもので、ビスマルク自身の表現を借りれば、「全ドイツ諸侯が一つ刀の柄頭に手を当てて」すなわち全ドイツ諸侯が一致して、フランスとの休戦条約に調印しようというものだった。九月から十月には諸侯の共同署名ができそうに思われた。ひょっとしてこのときビスマルクは、そうした高揚した気分の中なら、南ドイツの君主たちをいっきに北ドイツ連邦に加盟させてしまうことができるのではないかという、淡い希望を抱いたかもしれない。

しかしヴェルサイユにおける諸侯会議は、何の成果も生まなかった。それはフランスとの和平の可能性を探る交渉が、さしあたって決裂してしまったからだけではなかった。肝心のバイエルン王、ルートヴィヒ二世が、いかなる招待にも頑として応じようとせず、ヴェルサイユに姿を見せなかったからである。王は彼の宮中顧問官に次のように伝えさせた。

「予定されたフランスへの旅（ヴェルサイユでの諸侯会議への出席）が無理であるという確信を、私は日に日に強めつつある。したがって、何らかの病気、たとえば腱をひねったことを口実にでもせざるをえないように思われる。このような事情が臣民および兵士らに伝わるよう、宮中顧問官殿、あなたにとり計らっていただきたい」

これに対応するかのようにビスマルクも、ミュンヘンから（すなわちバイエルン王ルートヴィヒ二世の家臣から）すげない返事を受けとった。「陛下（バイエルン王）の命により、閣下（ビスマルク）に対し、陛下は腱をひねったためヴェルサイユに赴くことができぬ旨お伝え申し上げる」

そもそもルートヴィヒ二世には、不愉快なことが身に迫ると死んだふりをするという特殊な癖があった。ビスマルクは九月末、バイエルン側の真意を探らせ、何らかの交渉の糸口を見つけ出すために、腹心のデルブリュックをミュンヘンに派遣していたが、デルブリュックがよこした報告には、バイエルン王の真意を測りかねる様子がありありとうかがえる。

「一時間以上にもわたる謁見は、期待外れなものでした。私がミュンヘンに使わされた目的については一言も話題になりませんでした。王もそれには触れず、私のほうも黙っていました。それは、バイエルンから譲歩を引き出すために、わざわざやって来たような印象をもたれたくなかったからです。王の話はもっぱら教会政策のことでした。二カ月前、ローマ教皇は間違いを犯さないという、いわゆる不謬性の教義《ドグマ》が告知されました。そこで王は、明快かつ鮮やかな論法を用い、しかも教会法について驚くべき該博な知識を披露しながら、こうした危険なドグマから国家を守るにはいかなる立場を貫かねばならぬかを説明し、さらにプロイセンがローマ聖庁に対してとっている政策の将来的な危うさまで指摘してくれたのです」

しびれをきらしたデルブリュックがようやく、おずおずと本来の用件を切り出すと、「その刹那、王の表情がはっときらめいたのですが、それもほんの一瞬のことで、王ははぐらかすような言い回しをしたかと思うと、その話題をうっちゃってしまったのです」。

このため九月末にはすべてが行き詰まり、再開のめどなど立たないかのように思われた。それでも十月、十一月になってようやく加盟交渉がおこなわれたのは、バーデン大公国のおかげだった。すなわち十月三日バーデンが単独で、北ドイツ連邦への公式加盟申請をおこなうと、これに続いてヘッセン・ダルムシュタットとヴュルテンベルクも、加盟交渉への参加を決定したのである。するとバイエルンも、孤立化を恐れるとともに、他国の交渉に影響力を行使したいという思惑も加わって、ヴェルサイユに代表団を派遣することに決定したのだった。

代表団を率いるバイエルン首相ブライシュタインブルク伯爵は、反プロイセン主義者で、彼は遠大な計画をもってヴェルサイユに乗り込んできた。すなわちその計画とは、北ドイツ連邦を解体して、基本的にすべての加盟国に自主独立を与える、これまでよりはるかに束縛のゆるいドイツ連邦を新たに創設するか、あるいは南北ドイツをそれぞれ北ドイツ連邦と南ドイツ連邦に分けて、それぞれプロイセンとバイエルンが主導権を握るというものだった。

だがこの計画はどちらも日の目を見なかった。第一の計画、すなわち束縛のゆるいドイツ連邦を新設しようという案は、はじめから受け入れがたいとしてビスマルクに拒絶された。第二の計画、すなわち北ドイツ・南ドイツ両連邦分割案は、すでに個別の交渉、およびさまざまな特殊事情のもとで北ドイツ連邦への加盟を表明していたバイエルン以外の他の南ドイツ諸国の反対で挫折した。交渉は混乱に陥り、紛糾し、もめにもめた。ヴェルサイユの議場はさながら戦場のようで、穏やかな話し合いの雰囲気などどこにもなかった。

しかしその一方で、いったんは終結に向かうかと思われたフランスとの戦争にふたたび火がつき、他のヨーロッパ列強の干渉が迫り、ビスマルクとモルトケの対立はますます険悪化していた。やがてこうした情勢がヴェルサイユの議場を支配するようになり、そのため本題である南ドイツ諸国との交渉は背後に押しやられてしまった。ビスマルクでさえも、他の差し迫った問題に忙殺され、肝心の交渉をおざなりにせざるをえないほどで、こんな弱音を吐くありさまだった。

「将来を決定する重要な条約や協定を、私の一存で結んでしまうことは、きわめて責任の重いことだ。祖国プロイセンとの連絡はうまくとれず、書類も手元にない、にもかかわらず決断しなければならない。これは可、これは不可と。もし南ドイツ諸国との協定が悪い結果になれば、私は一生涯、辛辣この上ない批判にさらされる。しかし成功するかどうかは、カードゲームで次に何を引くかと同じで、ほとんど予想がつかないのである」

ビスマルクの天才的トリック

十一月のなかばになって、バーデン、ヘッセン、ヴュルテンベルクの三国とはかなり折り合いがついた。しかしバイエルンとの溝はあいかわらず大きく隔たったままだった。そこでビスマルクは、とりあえずこの中小三国とだけ協定を結び、そうすることで孤立したバイエルンに軽いプレッシャーをかけることにした。

ところが三国と締結する間際になって、ヴュルテンベルクが離脱してしまったのである。バイエルン抜きではいやだというのだ。そこで十一月十五日、とりあえずバーデンおよびヘッセン・ダルムシュタットの二国だけで加盟議定書に調印した。まことに前途多難を思わせる一歩だった。バーデン首相ユリウス・ヨリーは、そのときの思いを妻にこう書いている。

「何年も前から懸命に努力してきた目標が達成される瞬間を、私はもっと輝かしいものと想像していたが、実際はそれほどではなかった。まあたしかに、長年患ってきた持病がこの時期にいっきに吹き出たことも災いしてはいるようだ。いずれにせよ私の頭にある願いはただ一つ、早く終わってくれ！　ということだけだ。三時間もへとへとになるまで瑣末な問題について議論をくりかえし、ようやくビスマルクと調印にこぎつけたが、ビスマルクのほうも体の不調を嘆いていた。はらわたが煮えくり返り、かっとなるたびに胃がきりきり痛むそうだ」

モルトケの同僚で、ビスマルクに対してつねに反感を抱いていたブロンザルト・フォン・シェレンドルフは、十一月二十日の日記に、ざまを見ろとでもいわんばかりの調子でこう記している。

「この戦争（普仏戦争）で脇役しか演ずることのできないもどかしさに、ビスマルクの不愉快は募る一方である。何しろこれまでのところ、軍人の功績がすべてであり、政治家の外交はまったく功を奏さないのだから。取るに足らない政治的駆け引きが、くもの巣をかけて先行きを阻んでいるのである」

しかしこの判断はどうやら性急すぎたようだ。なぜならまさにこの頃、ビスマルクはようやくバイエルン代表ともふたたび話し合いのテーブルについたからである。もっともかなりな譲歩をしたうえでのことではあったが。つまりバイエルンは、連邦加盟後、すなわちドイツ帝国となった後も、ほぼ独立国であり続ける。独自の郵便制度と鉄道をもち、国内の徴税権もそのまま継続し、平時においてはバイエルンの最高指揮官のもとに独自の軍隊を保持する。それればかりか独自の在外公館をもつことができた。バイエルン首相ブライシュタインブルク伯爵は、妻に宛ててこう書いている。

「私に関していえば、今回の協定では、現在の状況下で獲得しうるもっとも有利な条件が満たされたと確信している」

一方ビスマルクのほうは、調印が終わった夜、ごく内輪の者に思いを打ち明けた。

「新聞屋たちは不満だろう。またごくありきたりの歴史を書くだけの歴史家も、われわれの協定を非難するだろう。子供だってもうすこしましな要求ができたろうになどと言って。まあ、そのとおりだ、理屈でいうならもっと要求しなくてはならなかったろうよ。しかし私にとっては、今回の件では人々に心から満足してもらうことのほうが大事だったのだ。無理やり調印させられる条約がどんな禍根を残すことになるか、想像してみたまえ。彼らが得心して議場を去っていったのを、私はよく覚えている。私は無理強いするつもりはなかった、今の状況を利用しつくそうなどとは考えなかったのだ。今回の条約には不備な点がある。しかしだからこそ、それだけしっかりした絆が結ばれたのだ。欠けたところは未来が補ってくれるだろう」

バイエルンが調印すると、ヴュルテンベルクもすぐこれにならった。すでにバイエルンの調印が済んだ時点で、「これでドイツの統一はできた。そして皇帝の擁立もだ」とビスマルクは快哉を叫んだが、たしかにそのとおりだった。しかしそこでできたものは、きわめて締まりのない、いわば見せかけだけの統一にすぎなかった。そのためその不完全さをおおい隠すためには、もったいぶった皇帝マントがどうしても必要だった。だが皇帝には特別な事情があったのである。

北ドイツ連邦と南ドイツ四国が以前から、軍事同盟や関税同盟によって親しく結ばれていたことはすでに述べた。だから南ドイツ四国が北ドイツ連邦に加盟したことぐらいでは、さほど画期的な出来事とはいえなかった。しかも四国のうちもっとも重要なバイエルンが、ほとんど完全に独立国家としての主権を保持しつづけたのだから、なおのこと画期的と呼ぶにはほど遠かった。

ところが北ドイツ連邦を拡張して「ドイツ帝国」と名を改め、プロイセン王を「ドイツ皇帝」に格上げしたことで事態は一変した。これによって人々の想像はかきたてられ、国民感情は満足を得、国際社会に向かっては、ヨーロッパに新たな大国が誕生したことを宣言することができた。

このようなごく表面的にすぎないこと、きわめて象徴的にすぎないことの中に（しかしこの象徴的なことにこそ絶大な力があった）、ビスマルクの天才的なトリックの秘密が隠されていたのである。つまりビスマルクは、当時はロマンチストでもあったブルジョア階級の自由主義者たちに、彼らが一八四八年の市民革命で果たせなかった夢をかなえてみせたのである。

しかし、まさにそのことによってビスマルクは、彼ら一途に追い求めていた本来達成すべき現実的な目標、すなわちブルジョア自由主義者たちが主導する議会制国民国家という目標への道をふさいでしまったのである。なぜなら皇帝とか帝国といった概念は、中世における君主制・封建主義の産物以外の何ものでもなく、まさに時代に逆行する動きだったからである。おまけにビスマルクときたら、皇帝を選ぶのに国民議会や帝国議会によるのではなく、もっぱらドイツ諸国の専制君主たちが選ぶように仕組んだのである。

ところがまさにこの点で（すなわちドイツ皇帝をどのように選出するかで）、ビスマルクはもっとも苦心し、もっともいらだちを覚えたのである。つまり帝冠を差し出す役目は、ドイツ諸侯中最大のバイエルン王によるしかないと、彼ははじめから決めていた。それなのに当のバイエルン王は絶対にいやだと言って拒絶していたのである。しかもプロイセン王のほうも同じように、ドイツ皇帝にはなりたくないと言ってだだをこねていた。「わしを道化師扱いする気か！」彼は憤懣をぶちまけた。

しかしビスマルクは、ごねる二人を調伏したのである。

買収されたバイエルン王

ビスマルクがどのようにして、バイエルン王ルートヴィヒ二世の抵抗をつぶしたか、それはドイツ統一史の中でもっともドラマチックで、また心痛む場面の一つである。これが明るみに出たのは、ようやく最近になってのことで、今でも真相から目をそらそうとする向きがあるが、もはや否定することのできない事実である。

ようするにビスマルクは、ルートヴィヒ二世を買収してしまったのである。仲介役をつとめたのは、一人のいかさま紳士、バイエルン宮廷で厩舎監督をつとめるマクシミリアン・フォン・ホルンシュタイン伯爵だった。

この男はミュンヘンでは「馬《うま》の守《かみ》」の異名で知られ、王に不思議な感化を与えるということでさまざまな噂が飛び交っていた。このときルートヴィヒ二世は、四百七十二万金マルクという莫大な金額を内密に受けとったのだが、この金の出所は、一八六六年に退位させられたハノーファーのヴェルフェン王家の財産を、ビスマルクが没収してこさえたものだった（ちなみに帝国宰相ビスマルクの年俸はおよそ六万マルクだった）。ルートヴィヒが建てたかの有名な城の数々は、ほとんどがこの金でつくられたものである（訳注・当時の一万マルクは現在の貨幣価値で約一億円程度と推定される）。

一八七〇年の晩秋、ホルンシュタイン伯爵はヴェルサイユとミュンヘンのあいだを三度もこっそり行き来して仲介につとめたが、このとき彼は斡旋料として全体の十パーセントにあたる四十八万金マルクを稼ぎ、後にこれを知ったヴィッテルスバッハ家（バイエルン王家）はおおいに悔しがった。

ことが決着したのは、十一月末から十二月はじめにかけての日々だった。十一月二十一日の時点ではまだ、ルートヴィヒ二世の叔父、ルイトポルトは甥のルートヴィヒにこう書いている。

「腹の底から忌まわしい例のドイツ皇帝推戴の件だが、親愛なるルートヴィヒよ、お前がプロイセン王に対しドイツ皇帝の称号を受けるよう勧める気のないことは、わしには重々わかっておる。だからそのようなことはしないと決めたお前の決断に、わしは心から同意する」

しかしこの決断は、わずか二日後に覆ってしまう。十一月二十三日、ルートヴィヒ二世は弟のオットーに宛ててこう書いている、もちろん決断が覆った裏にお金の話があったことは伏せたままにして。

「……というわけで、バイエルン王の私があのような提案をしてしまうというのは、きわめて忌まわしくまた恐ろしい話でもあるのだが、これは政治的には賢明な判断なのだ……。事情が事情であるだけに、私が諸侯のみならず、国民までも出し抜いてしまうのは、利害のなせるわざなのだ。こうなってしまったのは、じつに心苦しいかぎりだが、しかしもはやどうにも変えられないことなのだ」

これに対してオットーの返事は「兄上の手紙を拝読したとき、私の目に熱い涙があふれました。あのようなショッキングな報告を思い起こすたびに、今でも私の胸は痛みます……どうか今一度私の思いをお聞きとどけください。どうかそのような恐ろしいことはなさりませぬように」。

しかし、むだであった。十一月二十九日、バイエルン王に書き写してもらうべく、ビスマルクみずからが起草した「プロイセン王宛の皇帝推戴の親書」をたずさえて、例の「馬の守」がミュンヘンに到着したのである（このとき彼は王に向かってこう言ったといわれている。「おわかりですね、陛下、今すぐこのとおりにお手紙をお書きください。後になってまた躊躇されると困りますので」）。

王を前に展開された決定的な場面を、ホルンシュタインは一八七六年、プロイセン皇太子の侍従長アウグスト・オイレンブルク伯爵に語ったが、オイレンブルクはそれを次のように書き記している。

「ホーエンシュヴァンガウ城に到着したホルンシュタインだが、王陛下へのお目通りはすぐにはかなわなかった。ホルンシュタインが到着したことを知ると、王陛下はすぐさまベッドに臥せり、歯が痛いと言い出したからである。朝十時から午後四時十五分前までむなしく待ちわびた後、ホルンシュタインは侍従を通して王陛下に、六時ちょうどにここを発ちヴェルサイユへの帰路につかねばなりません。それまでにぜひとも畏れ多くも王陛下のご返事をいただかねばなりませんと伝えた。この後ようやくお目通りを許されたが、ベッドに横たわり、毛布ですっかり顔をおおった王と五時半まできびしい戦いを強いられた。それも王の抵抗が、事柄そのものによるのではなく、どうでもよい些細なことを口実にしていたので、戦いはなおさらやりきれぬものとなった。

それでもホルンシュタインはようやくのこと、ビスマルクが準備しブライ伯が列車のコンパートメントで編集して仕上げた親書の草案を、王の前で読み聞かせることができた。そして残された最後の十五分間、手にもった時計とにらめっこしながらホルンシュタインは、王に向かって次のことをくりかえした。『私は約束を果たすため、決められた時間にヴェルサイユに帰り着かねばならず、そのためには六時にホーエンシュヴァンガウを発たねばなりません。それまでに王陛下に手紙を書いていただきませんと取り返しのつかない事態となって、ヴェルサイユでは方針を変更しなければならなくなるのでございます。王陛下がどのようになさるかは、もちろんご自由ではございますが、王陛下の忠実なる家臣である私といたしましては、ドイツ国民が望む帝国実現の夢が、他でもないバイエルン王の悪意によって妨げられることになりますれば、王陛下にこの地を離れスイスへと旅立っていただかねばならなくなりますことを、ここにご熟考いただきたく思うしだいでございます。陛下の軍隊はパリを目前にし、たとえ陛下のご命令がなくとも、ドイツ皇帝万歳を唱えるでありましょう』

これを聞いて王はようやく立ちあがり、机に向かって進みかけたが、今度は適当な紙がないので書けないと言い出した。そこでホルンシュタインは呼び鈴を鳴らして、紙をもってこさせようとしたが、そうする前に適当な紙が見つかった。そこでようやく王は、一言も言わずに手紙を書いたのであった」

この報告はおおむね信用していいだろう。ただホルンシュタインはいちばん肝心なこと、すなわち金のやりとりのことだけは意図的に省いている。バイエルン王ルートヴィヒ二世にとってこうした一連のやりとりは、さぞ情けない悔しいことであったろう。物欲に目のくらんだホルンシュタインのことだ。王を買収するためには恐喝まがいのことまでやったにちがいない。

彼はそんなことで良心の呵責を覚えるようなタマではなく、おそらく一世一代の大勝負をものにしたことで大満悦だったろう。ヴェルサイユへ引きあげる列車の中で、ホルンシュタインは機関車の運転士にまで報酬の一部を分けてやろうと約束し、この善良な機関士の名前をシャツの袖口に書きとめるほどだった。

ルートヴィヒ二世は皇帝即位布告式（皇帝の戴冠式）には姿を現わさなかった。傷心の王に約束の金が支払われはじめたのは、一八七一年三月だった。ビスマルクの秘書で年代記編纂者でもあったモーリッツ・ブッシュはこう記している。

「ホルンシュタインがやってくると、ビスマルクは彼をすぐさま自分の寝室兼執務室に迎え入れた。そしてそのあとシャンパンをもってくるようにと命じた」

このことがあったのは十二月二日、これでバイエルン王の抵抗という大きな障害がとり払われた。しかし、もうその翌日、これに勝るとも劣らぬ困難な障害が起こった。プロイセン王が皇帝の位などいらないと言い出したのである。王の息子で、後の皇帝フリードリヒは、その晩の日記にこう記している。

「食事の後、王陛下に私の耳に入った気になる噂についてお尋ねすると、これからはじまるビスマルクの講演に同席するようにと言われた。その講演の後でビスマルクは、バイエルン王の親書を読みあげたのである……すると王陛下は親書の内容にすっかり平静を失い激怒され、そのあと意気消沈されたご様子だった。まさかこのような腹案がこちらからミュンヘンに仕掛けられていたとは、露知らぬように思われた……いま陛下のお気持ちを変えることはとてもできない。そもそも陛下にとって『皇帝・帝国』とは、陛下ご自身ならびにプロイセン王国が十字架にかけられるのと同じことを意味するのだから」

王はさらに何週間も執拗に抵抗を続け、結局次のような落としどころで決着した。すなわち王は「ドイツ国民の皇帝」という称号は拒否し、あくまで「ドイツの諸侯から推戴された皇帝」というかたちにこだわった。そうすることで、諸国に対する直接的な領土支配権をもたなくてすむと確信したからだった。

ビスマルクとしては、まさか王がこれほどまで抵抗するとは思いもよらなかった。妻に宛てた手紙で彼はこんな本音を漏らしている。

「いっそ自分が爆弾にでもなって、何もかも粉みじんに吹っ飛ばしてやろうと何度思ったことか。必要な仕事ならさして苦にはならないが、こんなむだな骨折りはもうたくさんだ」

しかし、一八七一年一月十八日に定められた皇帝即位布告式の前日になってもまだ、王の抵抗はやまなかった。最後の間際まで、すべてがひっくり返ってしまいそうな危うさだった。結局、皇帝万歳を唱えたバーデン大公が次のように機転を利かせることで、ようやく危機は回避された。すなわち大公は万歳を唱える際に、「ドイツ皇帝」とも「ドイツ国皇帝」とも言わずに、ただ「無敵なる皇帝ヴィルヘルム万歳」と唱えたのである。

皇帝即位布告式は、ヴェルサイユ宮殿の鏡の間でおこなわれたが、この広間は当時野戦病院として使用されていたので、寝ていた負傷者たちは退去させられた。式の様子は、画家アントン・フォン・ヴェルナーが描いたあの有名な絵によって永遠に人々の記憶に刻まれることになった（ただしこの絵は式の様子をそっくり正確に描写したものとはいえず、下絵のほうがより正確であったことが最近の研究で分かっている）（訳注・〝有名な絵〟ではあくまでプロイセン主導でドイツ統一が成し遂げられたことが強調され、新皇帝ヴィルヘルム、ビスマルク、モルトケらがいかにも立役者として前面に出ている。しかし実景を写した〝下絵〟では、皇帝やビスマルクの姿は遠景に退き、南ドイツ諸侯、軍人たちの姿が多く描かれ、南北ドイツ和解の雰囲気が伝わってくる）。そもそもはプロイセン皇太子が画家に宛てた電報で「あなたの筆にふさわしい題材があります。よろしければ一月十八日以前にこちらにおいでください」と依頼したところからはじまったものだった。

このようないきさつでおこなわれた皇帝即位布告式は、ドイツでは長いあいだ「帝国建設の日」として祝われた。しかし帝国が建設されたのは一月十八日ではなく、すでに南ドイツ諸国との協定が成立した後の、一八七一年一月一日であり、この日からドイツ帝国は発進したのである。しかしバイエルンとの協定の批准がおこなわれたのはようやく一月二十一日になってからであり、まして新帝国の組織が実際に活動をはじめたのは、一八七一年三月になってからだった。

ようするにドイツ帝国がいつはじまったのか、そしていつ終わったのか、正確な日付は定めようがない。いずれにしても、帝国のはじまりが一月十八日でないことはたしかである。

ではドイツ皇帝戴冠の式典が、なぜこの一月十八日という日に定められたのかというと、それは初代プロイセン王の戴冠式が、一七〇一年のこの日におこなわれたためだった。つまりこれは新皇帝のプロイセン感情にいくぶん配慮した措置であり、ある式典参加者の表現を用いれば、プロイセンの軍国主義精神を懐かしむための設定であった。

式典の中心をなしたのは、ベルリンの宮廷説教師で師団牧師のロッゲがおこなった説教であったが、これはザクセンの皇太子アルベルトによれば「プロイセンのお国自慢たらたらの、場所柄にふさわしからぬ演説」であった。ビスマルクもこの説教にはうんざりしたらしく、こう書き残している。

「こんな坊主なぜたたき出してしまわんのだ、と一度ならず私は思った。即位式の演説なら一語一語吟味して言葉を選ばねばならないはずだ。ところがこの坊主ときたら、思いついたことをそのまましゃべっているだけではないか」

その他の点でもこの一月十八日という日は、不愉快な気分がたちこめていた。式典に集まった王侯貴族に向かって、参加者の一人ゲオルク・アルベルト・フォン・シュヴァルツブルク・ルードルシュタットは、皮肉たっぷりにこう挨拶した。「御家来衆！　みな遠路はるばるようこそ」

バイエルン王ルートヴィヒ二世は欠席した。王の代理で出席した弟のオットーは、兄にこんな報告をしている。

「おお、兄上！　式典のあいだじゅう、いかにはてしない悲しみと苦しみが私を襲っていたことか、とても言い表わせるものではありません。何もかもが私の心をかき乱し、目にするものすべてが忌まわしいかぎりでした……すべてが凍りついたように冷たく、おごり高ぶり、けばけばしく、大げさでもったいぶっていて、真心がなく、空疎でした……やっとのことで人ごみをかき分け、広間から外に出ました。広間にいるだけで身も心も縮こまりそうだったからです。外の新鮮な空気を吸ってようやく一息つきました。やれやれこれですんだといったところです」

一方、新たに誕生した皇帝ヴィルヘルム一世も、これに負けず劣らず不幸であった。皇后に宛てた手紙の中で彼はこう書いている。

「いま戴冠式を終えて宮殿から戻ったところだ。この数日来私がいかに不愉快な気持ちでいるか、とても言い表わせないほどだ。その理由は、これから引き受けねばならない責任の大きさ、そしてとりわけプロイセンの称号が押しのけられてしまう悲しみにある。昨日、フリッツ（息子・皇太子のフリードリヒ）、ビスマルク、そしてシュライニッツ（プロイセン外相）の三人で会談をおこなったが、会談を終えた後ほとほといやになってしまった。今はもう退位して、フリッツにすべてを譲ってしまいたいくらいだ！」

この年老いた王ヴィルヘルム一世が、プロイセンの称号が押しのけられてしまうのを悲しんだのは、的外れなことではなかった。今日振り返ってみると、当時の出来事はまさにプロイセンの終わりのはじまりだったからだ。プロイセンはドイツ帝国の隆盛とともにしだいに存在感を失い、最後に帝国の崩壊とともに滅び去ってしまったのである（奇妙なことに、今日プロイセンはもはや存在しないが、バイエルンはいまだ堂々と存在している）。

ビスマルクがつくったドイツ帝国は、当初ドイツ国民にとって想像外の成功だった。ほとんど半世紀ものあいだ、人々はこの帝国こそはドイツ統一の本来あるべき自然な姿、ドイツ史がたどりついた究極の幸せだと信じて疑わなかった。

しかし実際はそうではなかった。それは手練手管による作り物で、一八七〇年から七一年に見事に建設されたものの、長くはもたなかった。わずか四分の三世紀ばかりこの地上に存在しただけで、しかもその短いあいだに二度も国家形態を根本的に変え、東西ドイツというまったく別の形態にその座を譲りわたしたのである。昔の人ならこう言っただろう。神のお恵みでも何でもなかった、と。

今ではビスマルクの帝国建設も、遠い過去の歴史にすぎない。また当時ビスマルク帝国が発揮した国民のパワーや社会の活力も、帝国そのものと同じくもはや過去のものでしかない。唯一の例外といえば、それは今もなおドイツの国民感情ともいうべきものが生きていることぐらいだろう。もちろんそれは、一八七一年にわれわれの先祖が味わった、奇妙な見せかけの満足感に満ちた、生きのいいナショナリズム運動の興奮でもないし、遠い昔を懐かしむ復古趣味と結びついたものでもない。

あのドイツ帝国に戻ることはもうないのである。その理由は、帝国建設の歴史を記録したエルンスト・ドイアーラインにいわせれば、「たとえドイツ民族の国民的統一が、ふたたび成し遂げられるとしても、それはあのドイツ帝国がふたたび始動することにはならないからである。ドイツが再統一されたとしても、それは一八七〇～七一年に創設されたあのドイツ帝国とははるかに異なったものになるにちがいない、その隔たりは一八〇六年に消滅したドイツ国民の神聖ローマ帝国とビスマルクのドイツ帝国の隔たりよりはるかに大きいだろう」。

（初出・北ドイツラジオ放送、一九七一年）

第4章 セダンの勝利の呪縛

ドイツが両次の世界大戦において
個々の戦闘では何度も勝利しながら
戦争に敗れたのは偶然ではない

君主制の終焉がはじまった日

一八七〇年九月一日、二日の両日、十万の兵を擁するフランス軍（その中には皇帝ナポレオン三世もいた）は、ドイツ軍によってセダン要塞とベルギー国境のあいだに包囲された。その後、絶望的な突撃と脱出をくりかえしたが奏功せず、フランス軍はついに降伏を余儀なくされてしまった。

戦史的に見て、このセダンの戦い（セダン要塞の陥落）は包囲殲滅戦の初期モデルとして今日なお興味深いものがある。というのも包囲殲滅戦は、後の二度の世界大戦、とくに第二次世界大戦において、たいへん重要な戦略的役割を果たしたからである。また政治史のうえでも、セダンの戦いは重要な転回点を画している。しかしこれは現代の視点からの解釈であって、当時この戦いを歴史の転回点などと言う者がいたら、笑いものにされたことだろう。

セダンの戦いが歴史の転回点を意味するのはなぜか。それはこの戦いが、ヨーロッパ史における君主制の終わりのはじまりを告げたからである。セダン要塞でナポレオン三世は捕虜となったが、このことはフランス皇帝個人の失脚にとどまらず、それはただちに、ある意味当然のこととして、ボナパルト王朝そのものの終焉を意味するものであった。そもそもボナパルト家による帝政というのは、革命後のフランスに近代的形態を備えた君主国家をいま一度植え付けようとする最後の試みだった。ところがセダンの戦いの結果、一八七〇年九月四日フランス共和国が誕生した。

そしてこの共和国は、その後何度も体制を変えながらも、揺るぎなき国家形態の決定版として今日まで存続してきたのである。ペタンやド・ゴールでさえもこの共和制という国家形態を揺るがすことはできなかったし、また揺るがそうともしなかった。そしてフランスの共和制はヨーロッパ全土に伝播した。今日ヨーロッパは、圧倒的に共和制の国々で成り立っている。

たとえ君主制が残っている国でも、王はもはや博物館の名誉館長、陳列されたミイラのようなものであり、その国家体制もいわば値打ちのある骨董品みたいになってしまっている。そしてひとたび君主制が廃止されると、それが復活することは決してない。これは誰もが感じていることだ。この何千年も続いた君主制という国家形態が、この百年のあいだにあっというまに滅び去ってしまったことに、人々はこれまでほとんど考えをめぐらせてこなかった。

この君主制の消滅ということの中で、たいへんな意識の変化が起こったことはたしかである。いったい人々の心の底に、どのような意識の変化が起こったのか、今こその歴史的原因を究明する時期ではないだろうか。

しかしそれはさておき、いずれにしてもフランスは、この君主制の消滅という驚くべき歴史的変遷の先駆者であった。なぜならこの国で共和制対君主制の争いが、もっとも早い時期に、しかも徹底的に繰り広げられたからである。それも、じつに八十年もの長きにわたってである。そしてセダンの戦いによって、ようやくその最終的決着がついたのである。その決着は、その後百年のヨーロッパの歴史を先どりするものだった。

その後の独仏関係を決定づけたセダンの戦い

しかしここでセダンの戦いを思い起こすのは、いま述べたことが理由ではない。理由は別のところにある。今なおドイツには、ほとんどの街にもセダンという名の通りがあるが、このセダンという言葉は、長いあいだドイツ人の政治意識にきわめて特異な心理的影響（今日の視点からすればとり返しのつかない、ダメージの大きい心理的影響）を及ぼしていた。ところが奇妙なことに、また不思議なことに、第二次世界大戦後、セダンの戦いの記憶はドイツ人の頭の中から、すっかり跡形もなく消えてしまった。

かつてあれほどまでに人々の政治意識・歴史観を支配したセダンの勝利の記憶、これを戦後のドイツ人たちはほぼ完璧なまでに記憶から抹殺してしまったのである。ドイツにおいてこれほどまでに露骨なかたちで、世代の断絶、時代の変遷、歴史観の喪失を描いてみせた事例は他にない。

セダン戦勝記念日はほぼ半世紀のあいだ、ドイツの国民的祝日だった。パレードや国旗掲揚をはじめ、学校でも式典がおこなわれた。愛国心をかきたてる演説が全国でおこなわれ、市民のお祭り気分は最高潮に盛りあがったものだった。今にして思えば多少羞恥汗顔の念をぬぐえないが、真実をいえば、このセダン戦勝記念日こそは、ドイツ国民がかつて真に心の底から祝った唯一の国民的祝日だったといえるだろう。

その後これに代わる国民的祝日はいくつもできた。ワイマール憲法発効記念の八月十一日、ナチスが決めた五月一日の国民的祝日、一九五三年の東独民衆蜂起を記念した六月十七日などである。だがどれもこれも何かしっくりこないものがあった。たしかにその日は一日休みで、何時間かは厳粛な時を過ごし、演説などにも耳を傾けはした。しかし本当に関心があってのことではなかった。

それにひきかえ、九月二日のセダン戦勝記念日は、本当に何ごとが起こったのかと思うほどすごかった。そのときの気分を今日的な感覚でいうと、まるでのドイツのナショナルチームが、サッカーのワールドカップで毎回連続して優勝するような気分とでもいおうか、他に比較形容のしようがない、そんな気分であった。

毎年この日になると、人々は頭の中で、この偉大な戦争の勝利の場面をくりかえし何度も思い描いた。フランス軍の騎兵隊は突撃をくりかえすたびに、ドイツ軍のマスケット銃の銃弾を浴びて次々と倒れてゆく。誇り高きフランスの皇帝も、もはや全軍の先頭に立って名誉の死を遂げることも許されず、今はただプロイセン王に和を請うのみの敗残の姿。

当時はドイツ中の良家の部屋に、祝勝絵画がかけられていたものだが、誰もがそこに描かれた数々の場面を、噛みしめるようにして頭に思い描く。家臣に囲まれて壇上にそびえ立つ武勇の老王ヴィルヘルム。参謀本部の地図上にさりげなく手の甲をのせて、休戦交渉に臨む参謀総長モルトケ。フランス軍の代表者たちはまるで死刑宣告を待ち受けるかのようにこれを凝視する。ドムシュリの機屋《はたや》の前に置かれたきゃしゃな木製の長いすにどっかと腰を下ろした巨人ビスマルク、隣りでちぢこまるナポレオン三世。

こうした戦勝の場面を、人々は毎年この日が来るたびに、記憶を新たにしながら、何度も味わったのである。これこそが本当のお祭りだった。あの頃の愛国心に満ちた自己陶酔の興奮を、今日想像できる人はほとんどいないだろう。

老人の中にはその頃を思い出して、いやいやと言わんばかりに首を横に振る人もいることだろう。すこしばかりの感慨をこめて。なぜならそれは子供時代、青春時代のことであり、その頃の記憶というのは誰にとっても感慨を呼び起こすものだからだ。しかしそれと同時に、そこにはまたすこしばかりの気恥ずかしさも混じっている。興奮して思い描いたことや、夢中になってやってしまったことを、後で冷静になって思い出して赤面する、あの気恥ずかしさだ。

しかし夢中でやってしまったことも、興奮して思い描いたことも事実であることには変わりがない。セダンの勝利というのは、それを同時代人として体験したドイツ人にとって、たんなる勝ち戦にとどまらない、何かそれ以上のもの、つまりドイツ帝国建設の神話がそこから生まれ出る、新しい国民的宗教のようなものだったのである。

だからドイツ人が長いあいだ、自分たちを選ばれた民族だと思い込んだのは、セダンの勝利がそうさせたといっても誇張ではない。抒情詩人ガイベルは、セダンの勝利にちなんでこんな歌を詠んでいる。

さあ教会の塔から塔へ、鐘を鳴らして勝どきをあげろ国中に歓喜の嵐を呼び起こすのだ！
炎と炎をぶち当てて、灯火を燃えあがらせろ！
主はわれらに、偉大な功業をなさしめた
高きにいます神に栄光あれ！

ここでは、神の意思をあえて人間の側に引き寄せようとする、強い意図が感ぜられるのだがどうだろうか。また保守系のクロイツツァイトゥング紙（ビスマルクが仲間と創刊した）は、セダンの戦いが終わった後、次のように書いている。

「九月二日をもって新しい時代がはじまる。この地上においてゲルマン精神が覇権を打ち立てる。この事実を知らせるために運命は、誰もがわかるような（セダンの勝利という）シンボルを用いたのである。われわれがフランス皇帝とその将兵たちをセダンの戦場で捕虜にしたとき、フランスの蛮行が終わり、ドイツの平和と教養の時代がはじまったのである」

もっとも、ドイツの平和と教養などといっても、セダンの戦いが終わったばかりの頃は、まだまだそんな奇麗ごとが実行できる段階ではなかった。それよりいま紹介した新聞の論評からもうかがえるように、武士の情けとはほど遠い、敗者に対する憎しみがおそろしく強かったのであり、その意味でここに揚げた論評は当時のドイツ国民の気分を代表するものといえる。

つまりセダン戦勝記念日というのは、ドイツ人が選ばれた民族であることを喜び祝うための日であっただけでなく、それと同時に、ドイツ人とフランス人が不倶戴天の敵であることを強烈に意識する日でもあったのである。独仏憎悪関係のはじまりがまさにこの一八七〇年から七一年であり、今日それを思い起こそうとする人はもはやいない。

この独仏憎悪関係というのは、きわめて特異なものであった。ともに相手民族に対して、はげしい憎悪を抱いたが、憎悪の中身は同じ性格のものではなかった。フランス人の憎しみは、敗れた者が抱く復讐心、虐待を受けた者のみが共有する怨念から生まれたものだった。

フランス人の場合は、セダンの戦いが終わった後も、さらに半年間国内で戦争が続いた。それはフランス共和国を守るための戦争だったが、内戦となり、フランス国民同士が血を流し合う、悲惨と残虐に満ちた結果となってしまった。そしてフランスは多大な犠牲を払った後、切歯《せっし》扼腕《やくわん》の思いでフランクフルトの講和条約に調印させられた。彼らがその後ずっと恨みを抱き続けたのも無理はない。

それよりも不思議なのは、戦争に勝ったほうまでもが敗者に対し恨みを抱き続けたこと、そして戦争全体を通してもっとも輝かしい完璧な勝利だったセダンの戦いが、敗者を勝者の目に野蛮人に映らせ、敗者との憎悪関係を修復不可能なものにしてしまったことである。だが、これはまぎれもない事実なのだ。

セダンの戦いの中でつくられた国民の宗教とでもいうべきドイツ帝国建設神話の中で、フランスは永遠の敗者、これからもずっと負け続けねばならない悪者、ドイツの不倶戴天の敵として、確固不動の地位を獲得してしまったのである。当時つくられ、その後何十年も歌い継がれた歌の冒頭の一節は「フランスをぶちのめして凱歌をあげろ」というものだった。

「つまりセダンの勝利以後、ドイツの戦争計画というのはどんな戦争をするにしても、まずフランスを破って景気をつけろということに相場が決まってしまったのである。その場合に直接フランスと干戈《かんか》を交えるかどうかはたいした問題ではなかった。この方針はシュリーフェンの場合も、小モルトケの場合も変わらなかった。ヒトラーでさえも『わが闘争』の冒頭部分で、「一八七〇年から七一年の戦争を描いた戦史の普及版が、自分の青春の夢をもっとも刺激的かつ強烈にかきたてた」と告白している。

これらはみなセダンの遺産だったのである。セダンの勝利があまりにも素晴らしすぎたのである。そのため人々はそれを毎年祝うだけではあきたらず、いつかそれを再現して追体験しなければならないと思うようになったのである。

軍事的耽美主義に蝕まれた指導者たち

しかしセダンの勝利は別の意味でも、つまり致命的欠陥を生み出したという意味でも素晴らしすぎた。むろん戦争である以上、セダンの戦いといえども残虐な行為であることには変わりはなかった。しかしモルトケの緻密な作戦が、人々に知的・美的満足感を与えたことは否めなかったし、彼の戦略の完璧なまでの明快さに、誰もが魅了されたのも事実だった。

セダンの戦いは、二千年前のカンネーの戦いを髣髴させる、包囲殲滅戦の完璧な成功例だったのである。二千年の歳月を経てあのカンネーが今ふたたび再現されたのだ。つまりセダンの戦いにおいて、カンネーの戦術（いわゆるカンネーの思想）が近代戦においても十分通用することが証明されたわけである。だがそのためにモルトケの後継者たちはみな、この成功体験の魔力から抜け出ることができなくなってしまった。

シュリーフェンもこの成功体験にとらわれていた。かの有名なシュリーフェン計画は、一九一四年のマルヌの戦いで挫折したが、これはセダンの勝利をさらに上回ろうと企て失敗したものだった。総じていえば、完璧な包囲殲滅戦の美しさに酔い痴れる、一種の軍事的耽美主義がセダン以後、ドイツ軍のみならず、国民全体の体質になってしまい、これが大きな災いのもととなったといえる。

一八七〇年から一九四五年までの時代のドイツ人は、それ以前のドイツ人が素晴らしい交響曲を次々と生み出していたのと同じ意味で、次々と戦いを生み出していった。そのためドイツ人は、自分たちのクラウゼヴィッツ（すなわち一八七〇年以前の古典）を忘れてしまったのである、他の国々がこれを一生懸命研究していたにもかかわらず、完璧な戦いの美学に酔い痴れるあまりドイツ人は戦争の本質を忘れてしまったのだ。

だがこれはドイツ人にとってためにならなかった。ドイツが二度の世界大戦で何度も個々の戦いに勝利しながら、結局戦争に敗れてしまったのは偶然ではない。セダンの勝利に酔い痴れてさえいなければ、そのような経験はしなくてすんだであろう。いくらなんでもセダンの戦い一つで、戦争を終わらせたのでないことくらい気づいたはずである。実際、当時も最悪の事態はもっと後になってから訪れた。

セダンの勝利が生んだ「戦いの美学」は、やはりセダンの戦いの産物である独仏憎悪関係と同様、今日すでに死物と化している。核戦争がそれらを戦争史博物館に葬り去ってしまったからである。歴史をつくったのはむしろ、セダンの戦いが終わった後の数カ月間に繰り広げられたフランス国民による人民戦争のほうであった。この人民戦争は後に毛沢東やホー・チ・ミンらによって、国民革命軍の防衛戦のお手本として受け継がれた。

あれから百年以上を経た今日、セダンの戦いを振り返ると、つくづく歴史の皮肉に打ちのめされざるをえない。つまり、どんなに完璧な勝利でも、勝者に幸福をもたらしはしないということである。むしろ敗北がフランスの背中を後押しして、二十世紀に向かって前進させたといってもいいくらいだ。

勝利を得たドイツのほうが不幸にも、十九世紀に長く足を留めることになってしまった。セダンの勝利でフランス帝国にとって代わったドイツ帝国は、もはや存在しない。反対に、セダンのショックで生まれたフランス共和国のほうは、今なお続いている。勝利の褒美として獲得したアルザス・ロレーヌも、とうの昔にまたフランス領に戻ってしまった。

かつてあれほど憎みあったドイツとフランスも、今は友人でありパートナーである。この両国がいつの日か、同じ国家連合の成員、いやそれどころか同じ一つの連邦国家のメンバーとなることも十分ありえそうだ。

ドイツ人とフランス人のあいだで戦われた恐ろしい戦争の数々、敗者に対する辱め、勝者のおごり、苦しみ、憎しみ、三世代にわたる栄光と悲惨、これらはみなすべて忘れてしまいたいことばかりである。若い世代ではすでに忘却は急速に進んでいる。

今日セダンを語ってももはや古傷を蒸し返すことにはならない。せいぜいまわりから退屈がられるのが関の山だ。「昔の歴史なんか思い返してどうなるの」とでも言われて。ようするに、誰もそんなことを知ろうとは思わないのだ。このことはいくぶん悲しくもあるが、しかしまた一つのなぐさめでもある。歴史から栄光を消し去れば、罪もまた許されるからである。

（初出・北ドイツラジオ放送、一九七〇年）

第5章　ヴェルサイユ条約の逆説

ドイツがヴェルサイユ条約に
調印していなければ
おそらく第二次世界大戦は
避けられたであろう

福音が悪夢に変わったのはなぜか

ヴェルサイユ条約はもはや過去の歴史である。それを生み出したあのような国際情勢は、二度とめぐってはこないだろう。また当時ヴェルサイユ条約を契機に繰り広げられた、けんか腰の論争やはげしい弾劾の応酬も、今となってはかぼそく遠く響く梵鐘、かすかな悲鳴ぐらいにしか聞こえない。世界が様変わりし、新しい時代がはじまったからである。だからヴェルサイユを振り返る場合、今の私たちは「局外者の落ち着き」をもって冷静にながめることができる。非難するでもなく、裁くでもなく、ただどこに過ちがあったかを見つけ出せばよいのである。

ヴェルサイユ条約のどこかに欠陥があったことは、今日ほぼ誰もが認めるところである。これについては立場によって言いたいことはあるだろうが、いずれにしてもあの条約は成功ではなかった。平和条約なら当然もたらすべきものを、ヴェルサイユ条約はもたらさなかったからである。紛争はやまず、平和の基礎は築かれず、国際政治の守るべき枠組みもつくられなかった。

当時の列強の中でロシアはこれに参加しなかった。ドイツはピストルをつきつけられたまま条約に調印させられた。アメリカはすぐに身を退いてしまった。結局条約の実質的な担い手として残ったのは、イギリスとフランスだけだった。そして両国にとってこの条約はすぐさま不和の種になった。フランスは、まるで溺れる者が藁に助けを求めるようにこれにとりすがり、イギリスは何かにつけこれをいじくりまわし、都合よく変えようとした。

だからヴェルサイユ条約の安全装置が、次々ともろく壊れていったのもなんら不思議ではない。はげしく攻撃され、ろくに守られることもないまま、ヴェルサイユ体制は十年のあいだ、危機の谷間をよろよろとさまよい歩き、ところどころ修正された末、ついに崩れ落ちたのである。

一九三〇年、連合国によるラインラント占領が終わり、三二年に賠償の支払いが打ち切られ、三二年にはドイツの再軍備が承認された。一九三六年以降イギリスとフランスは、ドイツと新たな外交関係を築こうと模索したがむだであった。三八年、英仏はドイツのオーストリア併合を黙認し、チェコスロヴァキア分割は明確に承認した。一年後、英仏とドイツのあいだでふたたび戦争が勃発した。

なんという惨めな結末であろう。たしかに永久に効力を発揮する平和条約などはないし、どんなに優れた平和条約も時代とともに古くなってしまうものである。しかしこんなにも急速に衰え、苦難に満ちた二十年を経た後、本来は終結させるべき戦争をふたたび勃発させてしまうような平和条約は他にないであろう。たしかに一九一九年以後、連合国もドイツもずいぶん政治的失敗を犯しはした。しかし政治上の失敗などはいつでもどこでも起こりうるものである。しっかりした平和体制が築かれていれば、少々のことがあってもびくともしないはずである。ここではさらに、それまでなかったことが加わった。

二〇年代、三〇年代の政治的失敗の多くは、このヴェルサイユ条約に起因するが、これはある意味で起こるべくして起こったことだった。一九三八年のミュンヘン協定もその意味では、すでにヴェルサイユ条約に織り込まれていたといえる。というのも、ヴェルサイユ条約というのは、最終的には敗者に有利に働くような原則にもとづいていたからである。つまり敗者には耐えがたい不公平感を植え付け、勝者には良心の呵責をもたせるような原則がそこには含まれていたのだ。ようするに、滅びの種をみずからの内に抱えていたのである。

ではその原則とはどのようなものだったのか。短く箇条書きにすると次のようになる。民族自決の原則、政治的国境と民族的国境をできるかぎり同じものにする、国民主権、大小を分かたずすべての民族国家の平等同権、国際連盟を最高調停機関および平和の監視役とする、そしていかなるかたちであれ勢力均衡政策をきっぱり拒絶する、ということであった。

こうした考えは今なおさかんに流布してはいるが、今日では因習くさく、魂を高揚させるような力はない。しかし当時は新鮮で革命の響きがあり、新たな革命を起こすような力強さをみなぎらせていた。第一次世界大戦前の一九一四年までは、責任ある地位の者でこのような考えをまともに受けとる者は、連合国の側にもドイツ、オーストリア側にもいなかった。しかし世界大戦を経た一九一八年から一九年になると状況は一変、本来こうした考えにもっとも懐疑的な権力者や政治家ですら、自分の話を聞いてもらいたいなら、一言でもリップサービスとしてこの原則に触れないわけにはいかなかった。

この新しい政治的福音の波及効果は、アメリカおよびこれを提唱した中心人物ウィルソン大統領だけにとどまらなかった。第一次世界大戦の最終局面、そしてそれに続くパリ講和会議の期間中、この福音はヨーロッパ中の世論を支配するまでになったのである。その中には火薬がたくさんつまっていた。この火薬が爆発すれば、ハプスブルク帝国やオスマン帝国のような多民族国家は破壊されてしまうにちがいなかった。それゆえ連合国側は、この福音を恰好の戦争宣伝の武器として利用した（ロマノフ帝国までもがこれによって破壊されたことは、一九一七年以降連合国にとってもはや何の宣伝価値もないことだったが、まさかこの福音が将来イギリスとフランスをも破壊してしまうとは、当時誰一人として予見していなかった）。

どうやら、この福音はヨーロッパの既存の秩序までも吹き飛ばしてしまうにちがいなかった。なぜならヨーロッパの秩序は、国際社会で承認され慎重に保たれた勢力均衡の上に成り立っていたのであり、この勢力均衡政策は、君主制＝帝国主義国家＝政治の最終的手段としての戦争、の理念にもとづいて機能していたからである。ところが沸き起こったこの福音は、従来のヨーロッパの国家システムを破壊して死に至らしめるものであった。だがまさにそれゆえに、この福音は一九一八年のヨーロッパにおいて民衆の熱狂的な人気と支持を得たのである。

たしかに一九一四年、ヨーロッパの人々はどこもかしこも歓呼の叫びをあげながら戦場に赴いた。しかし彼らは戦争が長引くこと、戦争の恐ろしさ、戦争の苦しみを予想していなかった。そのため戦争が終わると、彼らはすべての罪を旧秩序になすりつけた。かつてあれほど熱狂的に忠誠を誓い、信奉していた旧秩序を呪ったのである。

一九一八年のヨーロッパ人はどこもかしこもみな平和主義、民主主義に陶酔し、民族自決の権利を何よりも重んじ、革命に熱狂した。一九一七年から一八年に革命の嵐が吹き荒れたとき、すでに「ウィルソン構想」なる高き理想がヨーロッパを席巻していたのである。皇帝や国王は退位亡命し、新しい民族国家・憲法が雨後の筍《たけのこ》のように次々に生まれ出た。民族の区分けがおこなわれ、すべての人々が、昨日まで崇めていたものを躍起になって焼き捨て、やれ民族国家だ、やれ世界平和だといっては狂喜乱舞した。だがよく見ると、表現のしかたや形態は異なっても、事柄そのものは同じだったのである。

しかしいずれにせよ、今そこに共通の平和が生まれたことはたしかだった。すべての民族の一致和解という、ウィルソンの平和構想が実現するかに思われた。

残念ながら、そうはいかなかった。もしウィルソンの平和構想が実現していれば、勝者と敗者の区別など消え去ってしまったことだろう（この構想自体はよかったが、四年の長きにわたる戦争および戦争宣伝で、人びとの意識にすり込まれた憎悪・偏見の溝を埋めることはできなかったであろう）。それだけではない、戦争の結果もまったく逆転していたにちがいない。それでいけば実際に勝ったのは、ドイツのほうということになる。

つまりドイツは国民を上から統治する「帝国」、超国民的帝国であった。とはいえ、これはほんの付随的なことで、名称にこだわる必要はない。ドイツは実際には国民国家、それも不完全な国民国家であった。

たしかにウィルソンの平和構想も、それが実現していれば、ヴェルサイユ条約と同じく、ドイツに対してアルザス・ロレーヌのフランスへの割譲、プロイセン領ポーランドのポーランドへの割譲を命じたにちがいない。しかしウィルソン構想が実現した場合、ドイツは破産したハプスブルク帝国に残されたドイツ人および彼らの居住地を吸収することができたであろうし、さらに重要なことに、それによってドイツは自動的に新生ヨーロッパの強国にのしあがることができたであろう。

ウィルソンが構想した新しいシステムのもとでなら、ドイツは失うものより得るもののほうがはるかに多かった。ホーエンツォレルン帝国は数あるヨーロッパ列強のひとつにすぎないが、ドイツ民族国家ならば、なにはばかることなく、ヨーロッパで圧倒的に人口の多い、最強の国になることができた。ウィルソン構想により、ヨーロッパはドイツ人のヨーロッパになったであろう。

振り返ってみれば、たとえそうなったとしても、それはかならずしも最悪の事態ではなかった。現にヴェルサイユ体制下における二十年代のヨーロッパは、結局（ほんのつかのまとはいえ）ドイツ人のヨーロッパになってしまったではないか。しかもこのときのドイツはまだ、一九三八年のナチス・ドイツではなかった。その頃のドイツ人は、当時の誰もがそうであったように、焼きたてほやほやの民主主義者であり、そのうえ西部戦線で喫した敗北のため、いくぶん意気阻喪していた。

だから当時彼らドイツ人を、新生ヨーロッパにとって欠くことのできない秩序国家、信頼できる大国として迎え入れてやっていれば、彼らもヴェルサイユ体制の生みの親たちに感謝し、謙虚に歴史を書き換え、ビスマルク時代に祖父たちがそうしたように、満ち足りた強国として余裕ある振る舞いをしたにちがいない。そうすれば誰もヒトラーなど知らずにすんだであろうし、第二次世界大戦も起こらず、東ヨーロッパにソ連帝国の出現も見なかったであろう。

しかし心地よい幻想にふけっていてもはじまらない。とにかく連合国が戦争をしたのは、最終的にドイツをさらなる強国にするためなどではなかった。すくなくとも彼ら連合国は、将来ドイツの攻撃から身を守るための平和体制を望んでいた。

問題は、そうした平和体制と、ウィルソンが唱える平和構想をどのように折り合わせるかということだった。何しろウィルソン構想は、ヨーロッパ大陸で一国の権力が突出した場合、それまでのような勢力均衡策をとることに反対していたからである。これはじつに由々しき、ほとんど解決不可能な問題だった。そしてこの問題は主として、フランスに重くのしかかり、この国ののど元を締めつけた。

「ドイツの欠点はフランスより二千万人も人口が多いこと」

一九一九年におけるフランスの状況はきわめて悲劇的だった。どれくらい悲劇的だったかは、その後の結果を見ればあきらかである。戦争に参加した大国の中で、ほとんどはじめから終わりまで直接生命の危険にさらされていたのは、フランスだけであった。フランスはいわば、たえず敵の刃に突き刺されながら戦ったのである。

それでもどうにか戦い抜くことができたのは、想像を絶する強靱な忍耐と努力の賜物であったが、生命力は尽き果て、二度と戦えないほど弱りきっていた。戦いには勝利したものの、フランスは敗れたドイツよりずっと弱体化していた。フランスは勝利するために、そして勝利した後も、ロシア、イギリス、アメリカの助けを必要とした。

ところがこのように弱ったフランスは、戦争が終わると同時に今度はウィルソン構想に縛られることになった。縛られるというのは、連合国に対する約束や、国際社会が決めた戦後処理政策に縛られるということだけでなく、フランスが自国の本質に縛られることになったことを意味する。つまり第三共和国フランスが、自国の原理に忠実であろうとするなら、ヨーロッパ中を席巻する民主的ナショナリズムと過激な共和主義の大波に、絶対に逆らえないということである。

なぜならこの流れこそは、あの大フランス革命が後世に伝えた残響であり、ヨーロッパ諸国民のお手本だからである。ところがフランスにとって由々しきことに、この流れが現実になれば、すなわちフランスが蒔いた種が現実になれば、それはあの恐ろしい隣国ドイツをさらに強大化してしまうということになり、フランスにとってとうてい耐えられるものではない。「ドイツの欠点は、人口がわれわれより二千万も多いことだ」とクレマンソーが深いため息をついて嘆いたというが、その理由は容易に理解できる。

一九一九年のフランスは、勝者の高みから危険渦巻く奈落の底を身じろぎもせずじっと見つめていたのである。いったいどうやってドイツに対する将来の安全保障を打ち立てたらよいのか。ヨーロッパ大陸には、他に頼るべき強国、信頼できる同盟国などどこにもなかった。かつての勢力均衡はもうなかったのである。大量追放とか大量撲滅などという言葉は、一九一九年当時、フランスの辞書にはもちろんのこと、ヨーロッパのどの国の辞書にも書かれていなかった。では他にどんな方法があったか。

一つ荒療治があるとすれば、それはブリアンをはじめ、ラヴァール、シューマン、ド・ゴールといったその後のフランス首脳たちが状況の変化に応じ、また試行錯誤を繰り返しながらおこなった政策であろう。つまり思いきって、ドイツ人と手を結ぶこと、アメリカの状況の変化に応じ、また試行錯誤を繰り返しながら、諺にもあるように「打ち倒せない相手なら、これと手を組め」である。

対ドイツ復讐に燃えるクレマンソーですら、場合によっては、このような考えに傾かないではなかった。それが証拠に、一九一九年十月の上院演説で彼は、ユーゴスラヴィア問題に悩むイタリア代表にこんなアドバイスをしている。

「彼ら（ユーゴスラヴィア人）を敵にしないで、いっしょに協力したらいいでしょう」と。しかしこう言うやいなや彼はとつぜんこう付け加えた。「われわれとドイツ人についても同じことが言えるかもしれません。しかし私はドイツの尻馬になんぞ乗りたくないのです。はっきり申し上げて、とてもそんな気にはなれません。いいですか、協調などという言葉は外交にはありません、それは人間の心のうちに秘めておくものです」

一九一九年の時点でドイツ人と協調するなどという考えが、フランス人の胸のうちに起こりようはずもなかったことは誰でも理解できる。たとえそのような考えが、当時の状況に照らし合わせて妥当であったとしてもである。だが協調がいやなら、他にどんな方策があったのか。

フランスが第一に準備していた計画は、ライン地方をフランスに併合してしまうことだった。つまりライン川両岸のドイツ人を本国から切り離して、彼らの居住地をフランスに編入してしまおうと考えたのである。そうすればフランスにとって戦略的に有利な国境が築け、ベルギーも抱き込んでしまえたであろう。これが実現すれば、紙の上、地図の上ではフランスとドイツは領土的にも人口的にもほぼ釣り合いがとれたことだろう。しかし、それでフランスとドイツの国力の釣り合いまでとれたであろうか。はげしいナショナリズムに燃える二十世紀のあの時代に、ライン地方のドイツ人たちを、フランスに同化することなどできたであろうか。アルザス地方の人々をフランスに同化できたのは、別の時代の別の思想状況のもとであった。たとえ併合しても、ドイツのライン地方がフランスの国力強化に本当に役立ったであろうか。逆に新たな重荷になるのが落ちではなかったか。

こんなフランス人にとって不愉快な問いには、結局、答えなくてすんだ。なぜなら、ライン地方をフランスに併合して勢力の均衡をつくりだそうというフランスの目論見は、ウィルソンの規範に反することだったからである。一九一九年の国際環境からして、このようなことはとうてい不可能なことだった。事実イギリスとアメリカはこれに断固ノーを唱え、フランスのほうもあえて外交手段に訴えてまで争うことはしなかった。冒してはならないタブーだと悟り、引き下がったのである。それほどまでにウィルソンの理想は強烈だった。

ライン地方をフランスに併合するなどというのは、一九一九年においてはあきらかに時代錯誤だった。たとえフランスがそこまで踏み込んでドイツの領土を奪ったとしても、それでフランス人が望むような安全保障が得られたとはとても思えない。もしかして、ほんの一時的に安心感や満足感を味わい、ライン地方以外のドイツ本国と和平を結ぶことができたかもしれない。

しかし現実としては、一種の神経戦のような状態がずっと続いたのだった。つまり感情と本音が主導権を握ったために、講和会議の雰囲気は悪いほうへと向かっていったのである。そしてパリ講和会議の参加者たちのあいだに、破局は避けがたい（ケインズ）という思いが広がりはじめたのはようやく、いま述べたライン併合の危機が起こってからのこと、すなわち一九一九年四月になってからだった。「悲劇」という言葉がさかんに流布され（ジャック・バンビル）、ドイツとの条約交渉に、イギリス代表メンバーたちはしだいに無力感を覚える（ハロルド・ニコルソン）ようになった。

なぜドイツは条約を拒否しなかったのか

こうしたジレンマから脱却する一か八かの方策として、フランス人が考えたのは、ドイツをできるかぎり弱らせ、病人にし、その状態をできるだけ長引かせることだった。これに対してイギリス人とアメリカ人はどうだったかというと、そもそも彼らはそれまで敵国ドイツの弁護人の役回りをしてきたこと、すくなくともそのような印象を与えてしまったことに気まずい思いを抱きはじめていた。

「情緒的」とか「ドイツびいき」などと言われるのがすっかり怖くなっていたのである。そのためライン併合問題では、自国の利害を否定してまで公正に振る舞おうとし、それからはどんなことにも倍以上に厳正に振る舞うことが正義であり義務であると考えるようになった。「罪びとに対してだけでなく、犠牲者に対しても公明正大に」というのがそれ以後の彼らの合言葉だった。

このような感情の流れが収斂して出された結論は、結局のところ今日の目から見ても、一方的な有罪判決のようなものにならざるをえなかった。

しかしである。罪人扱いされたものは、容易に罪人になってしまうものである。このことは個人に関してのみならず、国民や民族に関してもいえる。そしてその一方で、かつて裁判官面して振る舞った者たちは、国交が回復し、国際交流が進むにつれ、いつまでも裁判官でいるわけにはいかなくなる。ようするに、ミュンヘン協定はヴェルサイユ条約の時点ですでに織り込みずみだったのである。

ミュンヘン協定において、ウィルソンの原則がドイツにも適用され、あきらめの承認というかたちで、ドイツに強国としての地位が与えられた。ヴェルサイユ体制など所詮、勧善懲悪主義にもとづく三文芝居でしかなく、血に飢えたドイツの暴力性に対しては、かつての裁判官たちもただおろおろ困惑して狼狽するばかりであった。

一つの国民国家に有罪判決を下すことと、その国民がみずからに下された判決に同意することとはまったく別のことである。これまでは、ヴェルサイユ条約成立の経過を見てきた。これからは、それがどのように受諾されたかを見なければならない。

ドイツ人はパリ講和会議に出席することを許されなかった。ただできあがった条約の草稿を提示され、何か申し立てることがあれば三週間以内に文書で回答するよう言われたのである。ドイツ側の申し立てによって、詳細において若干の訂正はなされたが、全体において条約そのものに何の変更も加えられなかった。ドイツ側は、いわゆる戦争責任条項と、ドイツ皇帝および将軍たちを戦争犯罪人として引きわたすこと（結局そうはならなかったが）を除いて、すべて受諾する旨を申し出た。だが連合国側はこの申し出を却下した。結局ドイツは、条約に調印するか、それとも戦闘を再開するかという、五日間期限の最後通牒を突きつけられたのだった。

だがこの最後通牒は、まぎれもないはったりであった。一九一九年六月において連合軍の動員解除はどんどん進んでいた。連合国の民衆は平和を待ち望んでいたどころの話ではなく、当然平和が訪れたものと思い込んでいた。こうした状況の中で、とつぜん再動員、戦闘再開ということになれば、いかなる事態が起こりうるかはまったく予想できず、そうなればきわめて危険な状態に陥ることはあきらかであった。いかなる国の政府といえども、そんな中で戦闘を再開できるはずがなかった。それなのに、なぜドイツは最後通牒を受諾したのか。

ヴェルサイユ条約についてはおびただしい文献があるのに、不思議なことにこの問題を論じたものは一つもない。「一九一八年秋の戦闘で粉砕されたドイツには、一九一九年の夏時点で受諾以外に選択の余地はなかった」とする点で、ドイツ側と連合国側は珍しく一致し、そのことにご満悦の様子である。冗談ではない。他に選択の余地はあったのだ。ドイツは調印することもできたし、調印を拒絶することもできた。調印を拒絶した結果、連合軍が実際にドイツ国内に侵攻してきた場合も、なおドイツには第二の選択が残されていた。つまり戦うか、もしくは占領されるかであるが、いずれの場合も調印を拒否することはできた。

このときドイツにはおよそ四十万の義勇軍兵がいた。彼らはこの年の一月新たに編成され、ベルリンやバイエルンで起こった社会主義極左派や共産党の蜂起を鎮圧して、戦闘経験もあり士気も高かった。これだけの兵があればかたちだけの抵抗、あるいは時間稼ぎの抵抗くらいは十分できたはずだ。たとえ武力抵抗を断念したとしても、あるいはすべての抵抗が粉砕されたとしても、いずれにせよ新たな状況が生まれたであろう。

たとえばドイツを占領した連合国は直接ドイツを統治しなければならず、そうなれば連合国はボリシェヴィズムとも対決しなければならなかったろう。しかもこの時期バルト海沿岸地方で、ドイツ軍は連合国の管理のもとで戦っていたのである。つまり連合国の最後通牒の期限が切れた一九一九年六月二十二日、ちょうどこの日、イギリスの将軍に率いられたドイツ軍は、ボリシェヴィキとの戦闘でラトヴィア政府の首都リガを攻略したところであった。

ワイマール共和国の悲しき船出

　現代の歴史的視点から見れば、あのときドイツが連合国の最後通牒を拒否していれば、おそらく第二次世界大戦は避けられたにちがいない。つまり一九四五年の状況がすでに一九一九年に到来したということだ。しかもこの場合、第二次世界大戦と違って、ドイツは破壊されることも、分断されることもなしに、連合国の占領下・管理下に置かれたであろう。西側列強とボリシェヴィキとの対決も、ドイツやヨーロッパの中心部ではなく、ロシアとの国境地帯で繰り広げられたはずである。しかも当時のボリシェヴィキはまだ政権を握っておらず、その後も内戦で敗北していた。

　こうした状況を考えると、もしドイツが最後通牒を拒否していたら、世界史はまったく別の方向、おそらくもっとよい方向に針路をとったと思われる。第二次世界大戦後の経験を踏まえると、そう思えてならないのである。たとえドイツが最後通牒を拒否したところで、連合国は遅かれ早かれドイツに民主主義政権を成立させ、二〇年代には、ドイツに主権を返還し、占領を終えたであろう。しかしこの場合の主権返還や占領軍撤退の条件は、その間に次々と新たな変化が起こることで、一九一九年の場合とはかなり異なったものとなったはずだ。

　もちろんこんなことは、歴史を知るものの後知恵でしかない。とにかく一九一九年当時のドイツ人には、連合国の最後通牒を拒否すれば自分たちの身にどんなことが降りかかるかはわからなかったのである。しかし最後通牒に対して彼らが示した最初の反応、つまり何があろうと断固拒絶せよという反応は、直感的に正しいものだった。

一九一九年五月、ワイマールでの国民議会は最大の山場を迎えていた。さらに正確かつ慎重にいうなら、最大の山場を迎えるべく、いくつかの瞬間を目の当たりにしていた。ドイツ国家人民党（右翼）から独立社会民主党（極左）にいたるまで、すべてのドイツの政党が一枚岩のように、パリ講和会議から突きつけられた平和条件に断固反対したのである。敗戦と革命と内戦によってすっかり崩れていた国民的統合が、民主主義のきざしを感じ、議会政治の主導権をとりもどすことで、今にも回復されるかに思われた。この数週間ドイツの民主主義は、愛国主義の代名詞にまでなった。

しかしドイツはこのチャンスを逸したのである。そのためにドイツの民主主義は、国内では不名誉と自己放棄の代名詞となり、国外では二枚舌とペテンの象徴として蔑まれた。これは大きな破局であり、ワイマール共和国は最後までそのダメージから回復することができなかった。国民議会が示したあの五月の決断は、六月に突きつけられた最後通牒の圧力と、新たな戦争への恐れのために粉々に打ち砕かれてしまった。

指導的な政治家たちはたがいに反目し、政府首相は辞任した。大統領のフリードリヒ・エーベルトも同じく辞任しようとしたが、どうにか引き止められた。最後通牒の期限切れが迫る最後の瞬間まで、結論の出ない議論が延々と続き、苛立ちは募るばかりだった。それどころかほんのつかのまではあったが、受諾調印に抵抗する政治家や将軍たちのあいだで、クーデタ計画までもちあがるほどだった（国民議会のみならず、国防軍首脳たちも反目し合っていたのである）。

そのあいだパリ講和会議の参加者たちは、彼らが敗者に突きつけた戦争か平和かの決定を、神経を尖らせながら待っていた。結局ワイマールではいかなる抵抗も崩れ落ち、新たに成立した政府が条約に調印した。

このような結論に決定的な影響を与えた理由は何だったのか。もちろん心の底から納得して賛成したわけではなかった。あの講和条約を正当であるとか、まともに受け入れられるなどと考えた者は一人もいなかったし、まして実行できるなどとは誰も思わなかった。条約調印の理由としてよく、最悪の事態を避けるには受諾するしかなかったとか、抵抗して占領されれば共産主義革命や分離主義者たちの一揆の危険があったなどといわれるが、こんな言い訳は説得力をもたない。

それよりは、新たに戦争が起こるのが怖かったというほうがずっと自然で真実味がある。しかし戦争の恐怖をいうなら、ドイツが最後通牒を拒否した場合、連合国だって同じ恐怖を感じたはずである。ただ彼らよりもドイツ人のほうが先に、戦争の恐怖にさらされたことはたしかだが。

調印を決定したのは次の二つの理由だった。一つは、大統領エーベルトの要請にもとづき、軍首脳代表グレーナーが述べた理由で、これは純粋に軍事的計算によるものである。すなわち、調印を拒否すれば新たに戦争が起き、今の状況では勝ち目はない。それゆえ戦争は遂行すべきではなく、したがって条約調印はやむをえないというもの。もう一つの理由は、蔵相エルツベルガーが述べた次のようなものである。「手足を縛られ、銃を胸に突きつけられ、四十八時間以内にただちに調印せよと要求されたら、いったい誰がこれを拒絶できるであろう。切羽つまれば名誉も何もないのである」

しかしこの二つの理由はどちらも重大な欠陥を秘めていた。というのも、今あげた二人の説明は、裏を返せばこういうことだったからである。つまり無理に調印させられた条約が実際に有効であるとは、ドイツ人は思っていなかったということ。そして勝算さえ立てばまた戦争をしてやろうと、ドイツ人はひそかに決意していたということである。こんな屈折した思いがそういつまでも隠しおおせるものではなく、あっさり正直に調印を拒否した場合より、かえってドイツと戦勝国との関係を深く傷つけ、悪化させてしまうにちがいなかった。

しかし当時、このような視点は見過ごされていた。また、内にいかなる屈折した思いがあったにせよ、あのようなかたちで調印してしまったことはドイツ国民を分裂させ、共和国を貶めることにならざるをえなかったが、そうしたことへの読みも欠けていた。

ワイマール共和国初代首相フィリップ・シャイデマンは、「こんな条約に調印すれば、その手は干からびてしまうにちがいない」と言って辞職したが、まさしく彼の予言したとおりになった。ワイマール共和国は、ドイツの自己排斥ともいうべきこの条約に調印したその瞬間から干からびはじめたのである。

二〇年代後半に部分的に回復はしたものの、ワイマール共和国はこの瞬間からその短い生涯を終えるまで、余命いくばくもない病人であり続けた。この共和国は、自国に対する臆病な自己卑下、連合国に対する二重底の責任回避と二枚舌外交をひたすら体現してみせた。その間ドイツの愛国心がふたたび目覚めはじめ、連合国に良心の呵責が芽生えだしたが、このような兆候もワイマール共和国には何の効き目もなかった。ドイツ人の愛国主義と戦勝国側の良心の呵責は、やがて悲劇的に寄り合わさって、三〇年代になるとヒトラーの利するところとなったのである。

ヴェルサイユはいまや過ぎ去った歴史である。この過去の一章から何を学ぶことができるだろうか。今の私たちにとって、直接教訓となることはほとんどない。何しろ今のヨーロッパは、一九一九年当時のヨーロッパとは比べようもないほど異なっているからである。

東西ヨーロッパがそれぞれソ連とアメリカに支配されているかぎりは、当時ヴェルサイユ体制が解決できなかった問題は起こらないだろう。その問題とは、民族自決の原則にのっとって組織されたヨーロッパが、その中で突出した最強の国に支配されてしまうのを、どうやったら防ぐことができるかという問題である。だが今はソ連とアメリカが東西ヨーロッパを封じ込めているので、そのような心配は起こらないのである。たとえロシア軍とアメリカ軍がヨーロッパから撤退してしまったとしても、一九一九年当時のようなかたちでは問題は起こらないだろう。何しろ今のフランスとドイツは、当時と違ってもはや不倶戴天の敵ではないからである。それどころか、ヨーロッパに何か事が起これば、フランスとドイツは一致協力して事に当たり、場合によっては一種の統合体をつくりあげてしまうだろう。

今のヨーロッパのナショナリズムは、当時のそれとは比べようもないほどおとなしい。ウィルソンがもたらした福音は、アジアやアフリカでは強烈な影響を及ぼし、今なお残響が鳴り響いているが、ヨーロッパではかなり萎《しお》れてしまっている。ヨーロッパもチャンスが到来すれば、いつの日か復活を試みるかもしれないが、その復活を担う新しい原則は今のところまださなぎ状態で、見定めることができない。しかしヨーロッパが再生するにしても、そのときの新しい原則は、もはや一九一八年から一九年のそれではないはずである。

ヴェルサイユ条約の歴史がわれわれ、とりわけイギリス人、アメリカ人、フランス人そしてドイツ人に伝える教訓は、内省と謙虚ということである。今は廃れた昔の偉大な表現を用いれば、へりくだりといってもいいだろう。決して誇り高い歴史の一章ではない。勝者にとっても敗者にとっても、何の名誉にもならない過去の一章である。全員が自己弁護ばかりして、己の無能さをさらけだした。それは知恵がなかったからであり、勇気がなかったためである。連合国の愚かさと、ドイツの弱さが結び合って、悪しき腐った平和を生んでしまったのである。

最後にもう一言、私の考えを述べておきたい。いくぶん空理空論のような趣があるかもしれないが、それだけにかえって面白いかもしれない。愚かさと弱さはたしかにあった。しかしあの一九一九年の状況および国際環境において、たとえ知恵と勇気があったとして、それではたして恒久的な平和を打ち立てることができたであろうか。どうも駄目だったとしか思えない。

ひょっとして、一九一九年のパリ講和会議は、はじめからできないことをやろうとしていたのではないか。戦争の混乱をたちどころに鎮められるような、そんなすごい講和会議は、一九一九年の時点ですでに遠い過去のものとなっていたのではないか。だとするならば、それは今日からすれば、なおさら遠い過去のものとしか映らないだろう。

荘重できらびやかな講和会議や、すべてを包括する講和条約が、いついかなるときにも歴史を彩っていたわけではない。古代においても中世においても、そのようなものはなかった。また近代になっても、アジアやアメリカの歴史にはそういった記録はない。それはヨーロッパの歴史のある時期、ヨーロッパ社会のある一部でおこなわれた華麗なセレモニーであり、十七世紀にはじまり、おそらく二十世紀はじめにはすでに終わりを告げていたものである。

それは同じような仕組みと、同じような考え方をもち、もっぱら自己保存につとめた、白人貴族たちのつくった社会であり、彼らが築いた政治文化であった。しかし今の私たちは、もうそのような時代にはいない。そのような時代の講和条約は、絶えざる革命と意識を混乱させる変化と精神の不安を煽り立てる今の時代にはもはや合わない。おそらく民主主義の時代にも合わないだろう。

ヴェルサイユ条約は、大いなる時代の大いなる講和条約の中で最悪のものだっただけでなく、おそらく最後のものであった。いずれにしても、第二次世界大戦以後そのような条約は生まれなかった。それでもヨーロッパの平和は、第一次世界大戦から第二次世界大戦までよりもずっと長く続いている。その理由はおそらく平和というものが、ウィルソンの構想とは違って、勢力均衡の上に成立しているからだろう。

（初出・Matthes & Seitz 出版 ミュウヘン、一九八三年）

第6章　ヒトラーはなぜ権力を手にできたのか

ヒトラーを選んだ有権者たちは
帝国にも階級社会にも
後戻りしたくなかった
ヒトラーにしてもそんなことを
望んではいなかった

誰がワイマール共和国を殺したのか

一九三三年、ヒトラーはいかにして政権を獲得したか。それを知りたければ私たちは一九一八年から一九年に戻らねばならない。たしかに、一九三三年一月三十日のヒトラー首相任命は、最終的には密室での権謀術数によるものであり、彼が首相に任命されるかどうかはほとんど最後の瞬間まで定かではなかった。その意味で、この一月三十日にいたるまでの数カ月、数週間の権謀術数の中に、ヒトラーの政権掌握の真相を求めたくなるのも無理はない。

しかしその考えは浅はかというものである。私たちはもっとさかのぼって問いたださなくてはならない。いったいどうしてそのような状況にまで発展してしまったのか。

一九三二年から三三年の危機の時代、憲法や議会や政党はどこで何をしていたのか。なぜ憲法や議会や政党が機能停止してしまったのか。それはワイマール共和国が、すでに死んでしまっていたからだろう。誰が後を引き継ぐか、それだけが問題だったのである。

ワイマール共和国は何が原因で死んでしまったのか。そもそもはじめから生きてゆく力があったのか。何がヒトラーの権力掌握を可能にしたか。それを理解したいのなら、今あげたような問いを考えてみなくてはならない。

ここでのっけから、一つの根本的な違いに突き当たってしまう。その違いとは、ワイマール共和国と現代のドイツとの違いである。いまヒトラーがいたら、当時ワイマール共和国をたやすく手玉にとったのと同じように、今のドイツをも簡単に料理してしまうことができるのかどうか。このような問いに答えるには、ワイマール共和国と今のドイツ連邦共和国との違いをはっきり見据える必要がある。

当時人々はワイマール共和国のことを、共和主義者のいない共和国と呼んだ。これはすこしばかり誇張である。なぜなら共和主義者はたしかにいたからである。しかしそれは穏健な左翼の側にしかいなかった。というのも過激な共産主義左翼は、まったく別の共和国をつくろうとしていたからである。しかしそれよりも深刻だったのは、右翼に共和主義者がおらず、穏健な右翼でさえもが、基本的にはあいかわらず君主制を望んでいたことである。だがこのために、ワイマール共和国ははじめから、ごくあたりまえの政権交代の可能性を奪われてしまったのである。けれども政権交代がなければ、真の意味での議会による共和制社会は生まれはしないのである。

ワイマール共和国は創設のはじめから、いわば一本足で立っていた。これに対して今のドイツは、力強い二本の足でしっかりと立っている。今のドイツには民主主義左翼のみならず、民主主義右翼もいる。ワイマール共和国には、民主主義左翼はあっても、民主主義右翼はなかったのである。今のドイツでは社会民主党（左翼）とキリスト教民主同盟（右翼）が、自由社会の基本秩序をすこしも危険にさらすことなく、いつでも政権を交代することができる。ところがワイマール共和国の場合、国家人民党、自由党右派、中央党右派からなる右翼勢力が、社会民主党、自由党左派、中央党左派からなるワイマール連合にとって代わると、国家はたちまち揺らいでしまったのである。

こうしたことに加えて、ワイマール共和国の政権を担った中道左派諸政党（つまりワイマール連合）は、さらなるハンディキャップを背負わねばならなかった。彼らは一九一九年六月、ヴェルサイユ講和条約に調印していた。銃を胸元に突きつけられ、無条件で調印しなければ戦争を再開すると脅され、不承不承調印に賛成したのだった。

この講和条約はきわめて苛酷であった。右翼から左翼にいたるまで、すべての政党がこれを心の中では拒絶し、履行は不可能だと考えた。条約に調印した中道左派政党の者たちも思いは同じであったが、結局は断腸の思いで受諾調印を決めたのだった。

いずれにせよ、彼らはヴェルサイユ条約に調印し、そればかりか一九二〇年から二二年までの数年間、条約の履行につとめた。いわゆる履行政策である。もっとも、条約の履行が不可能であること、とくに強制的に課せられた莫大な賠償金の支払いが不可能であることを証明してみせたにすぎなかったのだが。しかしもうそれだけで、彼らは国民の目には十分すぎるほど祖国の裏切り者に映ったのであり、とりわけ右翼勢力からは売国奴の烙印を押されてしまったのである。

はじめにいわゆる「匕首《あいくち》伝説（訳注・国内左翼勢力の銃後の裏切りによってドイツは大戦に敗北したという伝説）」が流布された。それから「十一月の犯罪者（訳注・一九一八年十一月革命でドイツ帝国を崩壊させた人々を指す）」、さらには「履行政策」といった罵りが政府に対して浴びせられた。これはあまりにひどい非難だった。ついにはヴェルサイユ条約の履行者に対する政治テロが荒れ狂い、エルツベルガー、ラーテナウといった、当時のドイツを代表する優れた政治家たちが暗殺された。ブルジョア右翼の多くはこれに対してひそかに、あるいはおおっぴらに拍手喝采を送ったものだった。

そしてこの当時からすでにヒトラーが、重要かつ脅威を与えるような役割を演じはじめたことも見落としてはならない。もっともはじめは、バイエルンの田舎政治家としての役回りでしかなかったが。だがいずれにしても彼は、一九二三年十一月に一揆を起こすまでにのしあがった。このクーデタは結果としてはミュンヘンの一角で終わったが、構想としてはベルリンへの進軍を頂点に見据えたものだった。たとえ一夜とはいえ、すでにこのとき彼は自分のことを、帝国宰相と呼んでいた。

こうしたありとあらゆる政治的分裂の背景をなしていたのは、インフレーションであった。当時のドイツ経済を襲ったインフレーションは、一九一九年から二三年までの五年間に、貨幣価値を完全に破壊し、すべての財産や貯蓄をゼロにし、ついには賃金や給料までが数時間のうちに購買力を奪われたのだった。

インフレには三つの原因があった。第一は戦争に敗れたこと。戦争は税金によってではなく、公債によってまかなわれていた。第二は、ヴェルサイユ条約によって課せられた賠償金支払いの義務である。つまりドイツは自国の戦費に加え、勝利した敵国の戦費も負担することになり、そのためには輪転機をフルに動かして、価値のない紙切れにすぎない紙幣（いわゆる不換紙幣）を刷るしかなかった。だがドイツの通貨にとどめを刺したのは、一九二三年のルール占領だった。

フランスは、賠償金支払いの担保として、ドイツ最大の工業地帯ルール地方を占領したのである。ドイツは占領地域における生産停止（いわゆる消極的抵抗）でこれに応じたが、閉鎖された工場の維持や追放された労働者や官吏の給与はまたしても、価値のない紙切れにすぎない紙幣でまかなわねばならなかった。そのため貨幣価値は完全に破滅してしまったのである。一九二三年秋、ドイツにはもはや実質的な意味での貨幣経済は存在しなかった。

このような経済の混沌が、やがて政治の混沌を生んだのは当然の成り行きだった。バイエルンとラインラントでは、ドイツから分離して自治共和国を建設しようとする、いわゆる分離主義運動が起こった。ザクセンとテューリンゲンでは共産政権が打ち立てられ、ハンブルクでも共産主義者の一揆が起こった。そしてミュンヘンではヒトラー一揆が世を騒がせた。ワイマール共和国は完全に瓦解していた。

これを救ったのは、この時代でもっとも重要な政治家、グスタフ・シュトレーゼマンだった。彼はわずか百日足らずの首相在任中に、ルール問題を終結させ、紙幣の印刷を停止し、新しい通貨を導入し、一揆や分離運動を鎮圧したのだった。

これによって彼は、二〇年代後半におけるワイマール共和国の再建と地固め（見せかけにすぎなかったが）のための前提条件をつくりだしたのである。またシュトレーゼマンは一九二四年（このときは外相として）、賠償問題解決に向けて連合国と暫定的な取り決めをおこない、それに続く数年のあいだに戦勝国との和解を成立させたのだった。

うわべだけの戦後復興

後に黄金の二〇年代としてよく知られた一九二四年から二九年までの時代を、人々はシュトレーゼマン時代と呼んでいる。それは経済復興を遂げた黄金の五〇年代を、アデナウアー時代と呼ぶのとよく似ている。そして五〇年代がそうであったように、この二〇年代後半においても、戦争と敗北は過去のものとなりつつあった。匕首伝説を口にする者はめっきり減った。ヴェルサイユ条約によって受けた傷は、すっかり癒えはしないものの、前に比べ痛みはやわらいだ。いまや合言葉は「復興」だった。人々はふたたび海外に旅行するようになり、外国との通商も再開され、国際的なスポーツ交流もおこなわれた。

この時代の重大事件といえば、一九二五年四月、ヒンデンブルク元帥が共和国大統領に選ばれたことだった。それは諸刃の剣のような出来事だった。帝政派の軍人が共和国の大統領に選ばれたことは、共和主義者たちからすれば大きな衝撃であったが、二、三年のうちは共和国にとって天の祝福のようにも思われた。だが結局は七年の後、やはり破局でしかなかったことが判明するのである。

ドイツは国内における戦債を、一九二三年、通貨切り下げというきわめて荒っぽい方法で免れた。貯蓄に励んでいた公務員、サラリーマン、自営業者といった中産階級は、これによって自分の財産を失った。しかしそれでも、これまでのような紙くず同然のお金でなく、きちんとした紙幣が発行されるようになった。だから一からやり直せばよかったのであり、実際に人々はそのようにした。

ドイツが逃れられなかったのは、賠償金の支払いである。支払方法はさしあたって総額は決めず、毎年分割払いということになり、その資金はアメリカから借り入れた。アメリカからの借り入れは、賠償金の支払いよりも多額だったから、残りを復興費用にあてることができた。ここに一つのお金の循環が生まれた。ドイツが賠償金をイギリスとフランスに支払い、イギリスとフランスはそのお金でアメリカに戦債を支払い、アメリカはドイツに資金を注ぎ込んだのである。

この循環が順調に機能しているかぎり、人々は満足して暮らすことができた。一九二九年の秋までは、まだこのような見せかけの秩序の中で人々は屈託なく生きていた。それから一九二九年十月二十四日、暗黒の木曜日が来た。ニューヨークの株式市場で株の大暴落が起こり、突如としてお金の循環がすべて崩壊してしまったのである。アメリカはお金を注ぎ込むのをやめ、反対に引き揚げた。これによってドイツでは経済のみならず、政治の安定までもが崩れてしまった。すべては見せかけにすぎなかったのである。

不幸なときには不幸が重なるもので、一九二九年十月はじめシュトレーゼマンまでもが死んでしまった。彼の死によって、共和国は唯一のまともな政治家を失った。かつて一九二三年の危機に共和国を救ったときと同じように、一九三〇年に起こった新たな経済危機においてもこの国を導くことができたであろう、唯一の政治家を失ったのである。一九二九年から三〇年の冬、シュトレーゼマンがいないということはたいへんな痛手だった。

ワイマール憲法の二面性

これに続くブリューニング政権は、一九三〇年三月ヒンデンブルク大統領が任命した政権で、議会で過半数をもたなかった。このこと（大統領に任命され、議会に拘束されないということ）からしてすでに、議会制民主主義国の原則を外れたものであり、それはやがて現実となって現われた。一九三〇年九月、何百万もの有権者によっていきなり権力の間際まで押しあげられたアドルフ・ヒトラーなる人物と、この政権はかかわることになったのである。

ドイツの政治風景が、それまでと判別できないほど一変してしまったのは、一九三三年になってからではなく、この一九三〇年という年だったのだ。ワイマール共和国の歴史家、アルトゥール・ローゼンベルクはこれを共和国が死んだ年と名づけた。私もそう思う。もっとも、ヒトラーの思いがけない躍進によって、共和国にはさらにまだ一年半の「余命」が与えられることになったのだが。

ここではっきりさせておかねばならないのは、ワイマール憲法は戦後西ドイツの暫定憲法（ボン基本法）とはまったく異なった国家形態をつくりあげていたことである。つまりワイマール憲法は、基本的に大統領憲法だったということ。今日のドイツ連邦議会のように、議会が首相を選ぶのではなく、ワイマール憲法では大統領が首相を任命したのである。そしてワイマール憲法には第四十八条というのがあって、大統領に対して、簡単にいえば独裁的な全権を与えていたのである。

大統領は非常事態を宣言することができ、そうなれば大統領は実際になんでも好きなことができた。非常事態が実際に存在するかどうかを判断する憲法裁判所のような機関は、当時はなかったのである。人々は冗談交じりによくこう言ったものだ。「そもそもワイマール共和国には憲法が二つあるんだ。一つは議会制民主主義の憲法でこれは晴れの日用、もう一つは独裁君主制の憲法でこれは悪天候用」。まったくそのとおりだった。

ワイマール共和国が成立してはじめの五年間は動乱続きであり、当時の大統領、社会民主党のフリードリヒ・エーベルトは、頻繁に憲法第四十八条を発動していた。その後一九二四年から二九年の良き時代になって、この条項はまったく、もしくはほとんど適用されなくなった。だが一九三〇年、ヒンデンブルク大統領はふたたびこの第四十八条を引き出しからとり出したのである。

大統領は、それまでほとんど無名だったハインリヒ・ブリューニングという中央党の議員を首相に任命し、この新首相にきわめて強力な権限を与えたのである。すなわちブリューニングが議会で多数派を擁していないにもかかわらず、あるいはそれだからこそ、大統領は彼に、憲法第四十八条にもとづいて、必要とあらば緊急令を発布する権限を、そして議会がこれを承認しない場合は議会を解散する権限を保障したのだった。こうしてブリューニングは、最初の「大統領内閣首相」となった。彼の地位はもっぱら、大統領の信任と権力に支えられたものだった。

こうしたことは共和国の体力をかなり弱らせはしたものの、ワイマール憲法の構造からすれば、なんら不法な措置ではなかった。もしもこの後（実際にはそうならなかったが）、議会にふたたび政権能力のある多数派が形成されていたならば、これ（大統領内閣の任命）も過渡期におけるたんなる窮余の一策として、むしろ理にかなった名案とさえいえたかもしれない。

しかしブリューニング自身の回顧録からわかるように、その背後には一つの計画が隠されていた。つまり憲法を変えて、議会を骨抜きにし、いってみればビスマルク時代の憲法に戻してしまおう、議会の拘束なしに上から政府を任命する、一つの権威主義国家を復活させようという意図が働いていたのである。むろんこの時点ではまだはっきりと明言されてはおらず、おそらく考え抜かれてもいなかったであろうが、とにかく最終的には帝政を復活させたいという意図があったことはたしかである。

現に一九二九年の復活祭のすぐ後、ブリューニングと国防省官房長シュライヒャー将軍とのあいだで奇妙な会談がおこなわれ、これを機にいま述べた計画が現実味をおびはじめたのである。この会議はベルリンのマタイ教会広場にあるシュライヒャー将軍宅でおこなわれた。このときシュライヒャーは、カトリック中央党議員のブリューニングに次のように打ち明けた。「八十一歳の大統領は、死ぬ前に議会を一時休会にして、その期間中に憲法第四十八条の力を借りて、『事柄を正常に戻すつもりである』とおっしゃった。貴殿（ブリューニング）は首相として、憲法改正に邁進することが求められている、これは一つのクーデタといっても差しつかえない」

シュライヒャーがこれほどの権力をもっていたのは、彼が日頃からヒンデンブルク家に出入りして、個人的に密接なつながりをもっていたからである。それにくわえてシュライヒャーには、右翼の政治家や、政治好きの右翼たちのあいだに知り合いがたくさんいて、こうした人々は共和国との「つかのまの恋」に飽き飽きし、今ようやく好機到来をかぎつけたのだった。

共和国はもうおしまいだ、というのが一九三〇年当時右翼のあいだで支配的な気分だった。新しいものが現われるか、さもなくば古いものが復活するかのどちらかだった。シュライヒャーこそは、この過渡期をたくみに処理する恰好の人物に思われた。

まず彼は手はじめに、ブリューニングという男を見つけ出し、この男を首相候補にかつぎあげた。ヒンデンブルクにも気に入られていたブリューニングは、一九三〇年の四月から六月までの数カ月、シュライヒャーの思惑どおり毅然とした勇敢な態度で首相職をつとめ、国会を苦しめたあげく、七月にこれを解散した。

九月の国会選挙でブリューニングは、右翼政党が多数派を占めるであろうと期待していた。もしそうならなければ、ふたたび国会を解散すればいい、やがて目論見どおり憲法改正の好機が訪れるだろうと予測していた。そしてすべては期待どおりに進むかに思われた。ところが議会選挙の結果、突如としてヒトラーが表舞台に躍り出たのである。

これはまったく想定外のことだった。一九三〇年九月の国会選挙は、ヒトラーに権力掌握への第一歩、というよりほとんど決定的な一歩をもたらした。結果はナチスにとっても驚きだった。前回の二倍かせいぜい三倍の得票数、つまり六〜八パーセントの得票率が得られれば上等だと彼らは予想していた。ところが実際には、得票率十八パーセント、票数六百万、百七議席を獲得してしまったのである。いまや彼らは社会民主党に次ぐ、国会第二の政党だった。地滑りが起こったのである。

ドイツ人はヒトラーに何を期待したのか

一九三〇年から三三年におけるヒトラーの猛烈な躍進に、ドイツの有権者たちがすすんで手を貸したことは認めなければならない。ヒトラーがいわば国民の頭越しに、右翼の企みによって政権の座に就いたなどとよく言われるが、これはちがう。ヒトラーはこの何年かのあいだに大衆の支持をかき集めたのであり、この大衆の支持こそが、その後三年にわたる彼の政治活動を支える現実的な資本となったのである。

だが、このような大衆の支持はどこからきたのか。何に突き動かされて人々はヒトラーを選んだのか。それを一つ一つ解き明かすのは容易ではない。まして当時から数十年を経た今日においてはなおのこと困難である。

ヒトラーを生んだ一番の原因は、やはりなんといっても経済的困窮による絶望である。大衆の生活は、一九三〇年にはすでに崩壊していた。何百万もの人々が職を失い、その数は増すばかりであった。当時職を失うということは、ほとんどの場合ただちに飢餓窮乏を意味した。いかなる既存の政治勢力、すなわち旧来の議会政府も、新たに出現したブリューニングの大統領内閣も、失業問題に対してなんらなすすべを知らなかった。

ところがここに一人の男と、その男が率いる政党が立ち現われ、貧窮からの救済を約束したのである。どうやってそれをやってのけるのか、それは彼ら自身も言わなかった。しかし俺たちに任せろと公言したのは、彼らだけだった。その後おこなわれた選挙戦のポスターの標題にはこう書かれてあった。「ヒトラー、われらが最後の希望」。おそらくヒトラーを選んだほとんどの人たちにとって、本当に彼は最後の希望だったにちがいない。

しかし大衆がヒトラーに殺到した理由を、ただ経済的困窮だけに求めるなら、それはあまりにもお人好しというものである。一九三〇年の政治危機に際しては、共和国が初期に受けた古傷がふたたび大きく口を開けていたことを忘れてはならない。「匕首伝説」「十一月の犯罪者」「ヴェルサイユ条約の強制命令」といったスローガンがふたたび息を吹き返していたのである。こうした中でヒトラーは大衆に向かって、ふたたび雇用を生み出すことだけでなく、ドイツを強く大きくすることも約束した。そしてこれがまた人々の心をつかんだのだった。

一九三〇年のドイツは病んではいたが、非常に力強い国だった。ドイツ国民の意識の中に潜在的に眠る力への自信、ヒトラーはこうした潜在意識にうまく語りかけた。ヒトラーに走り寄った大衆の胸のうちにあったのは、絶望感だけではなかった。彼らの胸には、野性味をおびた現状打破の意思、腕まくりをして一丁ぶちかましてやろうという強烈な意気込みも生きていたのである。

そしてヒトラーを生んだ第三の原因、それはやや屈折した繊細な大衆の心理、一言でいえば、共和国はもう終わりだと誰もが感じていたことである。ワイマール共和国は、一九三〇年ブリューニングの大統領内閣の成立によって議会政治を捨てて、いわば自己放棄してしまっていた。それ以後権力に群がり権力をものにした者たちはみな旧勢力、いってみれば帝国の生き残りたちであった。

しかしヒトラーが具現してみせたのは、そのような古臭いものではなかった。彼が示してみせたのはそれまでにない何か新しいもの、それが何を意味するのかは人それぞれ受けとめかたが微妙にちがうのであるが、旧来の右翼政党とは違った、何か右翼と左翼を漠然と統合した、新しい「国民共同体」のようなものだった。また大衆がヒトラーを選んだのは、ブリューニングやヒンデンブルクに対する抵抗、とりわけ、好機到来と見てふたたび勢力を盛り返そうと図る、貴族将校やエリート官吏たちに対する庶民の反抗でもあった。

ヒトラーを選んだ人々はもはや、帝国や階級社会に後戻りしたくなかったのであり、ヒトラーもそれを望んでいなかった。もちろんヒトラーが民主主義者などではなかったのはいうまでもない。しかし彼は大衆の人気に足場を築くポピュリストだった。ヒンデンブルクの権威を隠れ蓑に帝政復活をめざす旧来の右翼たちも、むろんそのことには気づいていて、不気味に感じていた。

彼ら右翼たちは、いまや新たな方針を打ち出し、このナチズムという想定外の国民運動を自分たちの計画に組み込まなくてはならなかった。しかしそれは容易なことではなかった。たしかにナチスは部分的に見ると、彼ら右翼保守層にとって、決して不愉快なものではなかった。ナチスが掲げる愛国主義、ナショナリズム、新たな防衛意識、行進好き、こうした傾向は守旧派には大歓迎だった。

しかしナチズムが発散する革命的でどことなく社会主義的な雰囲気、それに加えて強烈な反ユダヤ主義、粗野で暴力的な傾向、こうしたことも顰蹙をかう危険な要素であった。しかしそうした恐れはあるにせよ、当時ますます脅威となりつつあった共産党に対する歯止めとして、ナチス勢力を利用することができるだろうと彼らは考えた。ヒンデンブルクをはじめ、ブリューニング、シュライヒャーにいたるまで、いまや彼らはみなヒトラーを招いて、たがいにひざを突き合わせながら、話し合いをしたのだった。

だが結果は芳しくなかった。ヒトラーはかたくなだった。彼はつねに全権力を要求した。また人の話に耳を傾けず、自分だけ長々としゃべりまくって相手をうんざりさせた。そもそも態度からして信じがたい人間で、とり付く島もなかった。一九三〇年の時点ならおそらく、どうにかしてこの男を押さえ込むことはできただろう。しかし実際にはそうすることもできずに、彼を野放しにしたまま、様子見を続けたのである。

実際のところ、様子見をしたほうが楽であり、それで大丈夫だろうという雰囲気があった。というのもこのときブリューニングは思いがけず、左翼の側（すなわち社会民主党）から応援を得たからである。それほどにヒトラーの恐怖は、社会民主党にも浸透していた。

もちろん社会民主党にとって、大統領の権威をかさに緊急令を濫発する高圧的で権威主義的なブリューニング政権は、本来とうてい受け入れられるものではなかった。しかしいまやヒトラーの恐怖を前にすれば、ブリューニングなどはまだ「より小さな悪」であり、そのため社民党はブリューニング政権を容認することに決めたのだった。

このとき社会民主党はいくぶん議席を減らしていたとはいえ、依然として最大政党だった。だから彼らの支持を得たブリューニングは突如として国会で多数を制することになったのである。だからもしその気になりさえすれば、彼はごく正常な連立政権をつくって、ごく正常な国会運営をすることができたはずであった。しかし彼にその気はなかったし、またそうしてはならない事情があった。つまり彼に課せられた任務は、権威主義的な新国家建設への橋渡しをすることであり、実際彼はこの任務を忠実に果たそうと決めていたのである。

だから社会民主党による容認を、ブリューニングはすんなり受け入れはしたものの、それ以外の点では左翼勢力に対して尊大で拒絶的な態度をとり、以前と同じように大統領の緊急令を発動しつづけたのである。それは具体的には、厳しい緊縮政策を推し進めることであり、そのため失業者の数はたえず増え続け、それに比例するかのようにナチスの支持者数も増え続けた。そのことは地方でおこなわれたさまざまな選挙投票の結果あきらかであった。

政権をめぐる奇妙な三角関係

今日のドイツの歴史感覚では、ブリューニングというのは、無愛想で運にも恵まれなかったが、実直で有能な首相であり、共和国の最後の擁護者であったとの評判が高い。だが彼はかならずしもそうではなかった。真実は、共和国の解体処理に最初にとりかかったのがブリューニングであり、緊急令の濫発によってドイツ国民から憲法にもとづく議会政治の習慣を徐々にとりあげていったのが彼であった。

ブリューニングは過渡期の首相だった。彼の政権は、議会多数派の容認によってうわべだけは議会政治、もしくは半議会政治の体裁をとってはいたが、その実はすでに大統領政権であり、その正当性は下からではなく、上から保証されたものであった。そのことは彼が失脚したそのさまによく表われていた。

ブリューニングは議会によって倒されたのではなかった。たとえ社会民主党による寛大な容認があったにせよ、彼は議会では最後まで多数を制していた。ブリューニングが罷免されたのは大統領によってであり、それもすげなく気まぐれに見放されたのだった。というのも、大統領ヒンデンブルクはもはやブリューニングに満足できず、その意をくんだシュライヒャーが、もっともおあつらえ向きの新しい首相候補に目星をつけたからである。それがフランツ・フォン・パーペンだった。

この男はそれまで、プロイセン議会の中央党の議員ではあったが、ドイツ政界では何の実績もなく、大半のドイツ国民にとってまったく無名の存在であった。また自分の党内でも最右翼として孤立していた彼は、誰からも本気で相手にされないアウトサイダーだった。そんなパーペンが一九三二年六月一日、シュライヒャーの提案にもとづき、ヒンデンブルクによって首相に任命されたのである。

新首相パーペンの内閣は、彼が男爵であったことから「男爵内閣」と呼ばれ、シュライヒャーが国防相として入閣した。パーペンは「まったく新しいタイプの政治」をおこなうことを宣言し、さしあたって何の審議も採決もなしに、ただちに国会を解散してしまった。

「まったく新しいタイプの政治」とパーペンが綱領宣言で述べたことは、あながち嘘ではなかった。いわれてみれば、たしかに新しいスタイルだった。ブリューニング政権において、憲法にもとづく政治形態はすでに空洞化していたが、外見的にはまだ体裁は保たれていた。国会も定期的に開かれていた。

ところが一九三二年六月一日から十二月二日まで六カ月続いたパーペン政権においては、総選挙は二度もおこなわれたのに、国会審議はたったの一度しかおこなわれず、しかもこの審議で国会は圧倒的多数をもってパーペンに不信任を突きつけたのだった。通常なら首相は憲法に従って退陣もしくはそれに似た処置をとらねばならないところだが、実際にはそのようなことはせず、ただちに国会を解散してしまったのである。

「ぐずのブリューニング」の場合は、まだ憲法というものをうわべだけでも尊重していた。だがパーペンは憲法をはじめから無きがごときものとして扱ったのである。それが証拠に彼は、シュライヒャーがすでに一九二九年春、ブリューニング擁立の際に計画していた「反動的クーデタ」にただちにとりかかったのである。

そしてこの反動的クーデタの前触れとして、彼は一九三二年七月二十日、いわゆる「プロイセン叩き」をやってのけた。すなわちこの日パーペンは、プロイセン政府をあっさりと解散し、この政府の閣僚たちを軍隊の力で省庁から追い出したのである。そしてパーペンみずからがプロイセン総督となった。

ではヒトラーをどうするのか。パーペンはヒトラーをはじめから「雇い入れ」「枠にはめ込み」「飼い馴らす」つもりでいた。このような表現はすべてパーペンがヒトラーに関して使った言い回しで、彼はこの言い回しを一九三三年一月三十日以降（すなわちヒトラーが政権を掌握した後も）使い続けた。パーペンのような金持ちの貴族からすれば、ヒトラーなどは立身出世にあこがれる小物でしかなかった。「まあヒトラーのごときは自分の下で、宣伝相かせいぜい副首相くらいの地位を与えて、持ち前の煽動家としての才能をおおいに発揮してもらって、今の新旧貴族入り混じった政権に大衆の支持を呼び込んでもらえばそれでいい」くらいにパーペンはたかをくっていたのである。

「むろん政治的にはやつの水路は断っておかなくてはならない。つまりナチスの勢力はつぶしておく必要がある。だがそれは民主主義を廃止してしまえば簡単にできることだ。何しろナチスの権力はもっぱら、ヒトラーがかき集めたおびただしい投票数とそれによる国会での議席数の上に成り立っているのだから、議会をなくしてしまうか、もしくは議会を機能停止にしてしまえば、有権者の声も国会の審議も意味をもたなくなるだろう。そうした中でヒトラーを『雇い入れ』、すこしばかり派手に活躍させてやれば、あの男はそれで満足するにちがいない」

これがパーペンの考えだった。その場合に彼はヒンデンブルク大統領をあてにしていた。というのも大統領はヒトラーのことを根っから嫌っていて、あんな「ボヘミアの上等兵」を首相に任命して大統領の信任を与えるつもりはないと、何度も断言していたからである。

一九三二年七月三十一日の選挙で、ヒトラーは総投票数の三十七パーセント、二百三十議席を獲得した。この結果を踏まえてパーペンはヒトラーに、副首相の地位を提供した。だがいまや最大政党の総裁となったヒトラーはこの申し出を拒絶し、首相の地位を要求した。これに対してヒンデンブルクはヒトラーを引見しはしたものの、椅子も勧めずに、ただ頭ごなしに叱りながら彼の首相職への要求を斥けた。

これ以後、ヒトラーはパーペンにはげしい憎悪を抱くようになった。しかしパーペンからすれば、ヒトラーのほうこそもっと謙虚な丸い人間にならなければならないと感じたのだった。結局のところ、ヒトラーを首相にしてしまったのは他ならぬパーペンなのだが、それは一九三二年の秋の時点ではまるで予想もつかないことだった。

さしあたってパーペンの目論見は、ヒトラーを謙虚で丸い人間にすること、そのためならすこしばかりおだてあげてもいいとさえ思っていた。そんな中、一九三二年十一月六日の議会選挙で、ナチスは思いもかけぬ敗北を喫した。第一党であることに変わりはなかったが、二百万票、三十四議席を失ってしまったのである。

まさに危機であった。度重なる選挙のために、借金で首が回らなくなっていた。すでにこの時期大資本から援助を受けていたというのは、後の作り話である。とにかく党内には危機が迫っていた。もう乱暴狼藉は控えめにして、政権参加の申し出にもっと真剣に応じるべきではないかという声が起こっていた。

ナチス党外にありながら、こうした声に機敏に反応したのがシュライヒャーだった。彼はナチスを分裂させようと考えた。つまりヒトラーではなく、ヒトラーの党内批判者で党内左派のグレゴール・シュトラッサーを政府の閣僚に招いて、ナチス党内を撹乱しようと目論んだのである。一方ヒトラーは党内の動揺に対して、頑固にこれまでの態度を守り続け、パーペンもシュライヒャーの動きにまったく動じなかった。

このときパーペンは、今こそ大がかりなクーデタを実行する時が来たと判断していた。つまり今度は再選挙の日を告げずに国会を解散して憲法を停止し、しばらく憲法なしで統治してから、もっと権威主義的な憲法を無理やり制定しようと考えたのである。その際、抵抗があれば（それはこの時期力を増しつつあった共産党の抵抗であれ、あるいは共産党とナチスとの共闘による抵抗であれ）、そうしたものはみな国防軍が弾圧すればよいと彼は考えた。

だが国防軍はシュライヒャーが握っていた。そしてそのシュライヒャーはもはや彼の味方ではなかった。それどころかこの権謀術数の将軍は、すでに数週間前から、おそらく九月か十月ごろからパーペンを倒そうと画策していたのである。

これはいったいどうしたことだろう。そもそも無名だったパーペンを首相に担ぎあげたのは、シュライヒャーだったではないか。そしていまパーペンが目論んでいる反動クーデタにしても、もとはといえばシュライヒャーが昔立てた計画にもとづいたものので、はじめはブリューニングを使って実行するはずだったのではないか。今になってなぜシュライヒャーは、パーペンに矛先を向けたのか。

すでに一九三〇年から三二年までの時期に、かなり人間くさい様相を呈してきたドイツ史だが、それはここにいたってついに一大小説と化すのである。一九三二年十二月から三三年一月の出来事は、きわめて奇妙なことながら、もっぱらシュライヒャー、パーペン、ヒンデンブルクという、三人の男たちの個人的な人間関係をめぐって展開したのであり、そこで漁夫の利を占めたのがヒトラーだった。それは基本的には男同士の嫉妬劇であり、政治政策は表向きのたんなる口実にすぎなかった。

たしかにシュライヒャーの政治構想は、一九二九年から三二年のあいだにすこしずつ変わってきていた。

彼はこの時期、若くて頭の切れる政治ジャーナリストたちからなる「頭脳集団《ブレイン・トラスト》」を手に入れていた。この頭脳集団は当時よく読まれた雑誌『行動』を発行し、シュライヒャー将軍にいくつかの遠大な計画を吹き込んでいた。したがってこの「行動」グループの考えが、そのままシュライヒャーの考えであり、それによれば、もはやちょっとやそっとの王政復古、つまりカイゼルなき帝国を復活してみたところでどうにもならない、もっと大きな支配基盤、つまり国防軍と労働組合とナチスのような「健康」で社会主義的雰囲気をもった大衆運動、この三つを結び合わせた一種の身分国家のようなものが必要だというのだった。

これは理論としてはたいへん素晴らしかったが、実践的にはかなり現実離れしていた。しかしシュライヒャーはこれができると信じていた。むろんこのような国家を実現するには、ナチスによるクーデタだけでは不十分であった。しかしナチスのような右翼勢力のパワーは最低限必要だった。

それよりシュライヒャーにとって最悪だったのは、パーペンにヒンデンブルクの寵愛を奪われたことである。首相に就任して三カ月か四カ月のうちに、パーペンはすっかり大統領のお気に入りになってしまったのである。シュライヒャーはもはやヒンデンブルクの寵臣でもなければ、無条件に信頼される腹心でもなかった。いまやパーペンがその座に座っていた。これはじつに馬鹿ばかしく低俗に思われることだが、本当のことだった。

年老いた大統領は老いを重ねる日々、パーペンに惚れ込んでしまったのである。人生の最晩年を迎えてヒンデンブルクは、この優雅できびきびした貴族に戦士の理想像を見出したのだった。そうなるとシュライヒャーはシュライヒャーで、次々とパーペンの悪口を並べだした。素人政治家、軽薄で浅はか、うわべだけの見栄っ張り云々。そして九月には、「パーペン君の化けの皮がはがれた」と仲間内に触れてまわり、次の首相候補を探しはじめる始末だった。

しかしそう簡単に後継者は見つからず、結局のところしだいに、今度首相になるのは自分しかないとシュライヒャー自身思いはじめたのだった。

国防軍と労働組合

交代劇はまさに劇的な状況の中で起こった。一九三二年十二月一日、パーペンとシュライヒャーはそろってヒンデンブルクに呼び出され、今後どうするかについて三者会談がおこなわれた。

パーペンは先に述べたような彼のクーデタ構想を説明した。シュライヒャーのほうは胸のうちを明かさず「そのような非常事態（パーペンが構想するようなクーデタ）となれば右翼と左翼、すなわちナチスと共産党の両方を向こうにまわして内戦を戦うことにもなりかねない」と懸念を述べた後で、「もっと別の方法があるのではないか」と他の可能性を示唆した。シュライヒャーはこの頃、グレゴール・シュトラッサーとゆるやかな関係を結んで、ナチスの分裂を期待していたのである。

しかし結局、ヒンデンブルクはパーペンに賛成した。シュライヒャーはあからさまに反論は唱えなかったが、ただ別れ際パーペンに向かって次のような怪しい言葉を投げかけた。「僧侶よ、僧侶よ、汝は艱難の道を選びたり」。彼は自分の箙《えびら》に、もう一本矢を残しておいたのである。

翌十二月二日、閣僚会議がおこなわれた。シュライヒャーは部下の参謀将校を呼び、内戦が起こった場合の国防軍の見通しを説明させた。すると閣僚たちのあいだにみるみる不安が広がった。国防軍が立てた見通しとは、ゼネストが起こり、国民経済は崩壊し、場合によってはフランスやポーランドの干渉を招くかもしれないという、破局のシナリオだった。

おそらくわざと大袈裟に描いてみせたのであろう。だが効果はかなりのものだった。

二名を除き、閣僚全員がパーペン構想への支持を拒否したのである。この結果を受け首相のパーペンは午後ヒンデンブルクを訪ね、伝えるところによれば「泣く泣く」辞意を伝え、大統領もこれを認めたのだった。後に大統領はパーペンに自分の写真を送ったが、その標題には「われに同志ありき」と書かれていた。もっとも二人の付き合いはこの後も途切れることなく続いた。

同じ十二月二日の午後、ヒンデンブルクはシュライヒャーを迎え入れ、彼を首相に任命した。そのときの大統領はきわめて不機嫌で、不承不承といった様子だった。「もうこうなったらシュライヒャーに運試しをやらせてみるしかない」と大統領はパーペンに本音をもらしていたが、その口調は「あいつが自分で蒔いた種なのだから、自分で刈り取るがいいさ」といった感じであった。

そして実際そのとおりになった。シュライヒャーは、たったの二カ月しか首相職にとどまれなかったのである。そしてこの二カ月のあいだ、彼は幻滅に次ぐ幻滅を味わったのだった。

国会はクリスマスを過ぎても休会したままだったが、遅くとも一月三十一日までには再開されるはずで、そのときシュライヒャーは不信任投票を覚悟しなければならなかった。しかも彼はパーペンのように大統領の絶大な信任を得ていなかったので、国会を解散するのは難しく、まして憲法を停止することなどできるはずもなかった。

政治的に生き残る希望があるとすれば、それにはとてつもない大技を成功させるしかなかった。一つは、労働組合を彼の政権に参加させ、労働組合の影響力を借りて、ブリューニングのときのように社会民主党の支持をとり付けること。もう一つは、ナチスを分断して、グレゴール・シュトラッサーの一派と結びつくことだった。

だが試みは二つとも失敗した。しかもその失敗はあまりにもあっけなく、かつ初歩的な失敗であり、後から振り返れば、彼ほどの手練手管にたけた政治家がよくもまあこんな成算のないことをやれたものだとあきれるほどであった。

グレゴール・シュトラッサーは完全に腰砕けだった。ヒトラーに戦いを挑むどころか、この男は総統の額に皺がよるのを見たとたん、すべての党職を投げ捨てて、私人の生活に引きこもってしまったのである。とはいえだからといって、彼が一九三四年六月三十日の血の粛清のとき、シュライヒャーと同じく暗殺される運命をまぬがれたわけではなかった。

労働組合はつれなかった。彼らはシュライヒャーの提案に一応は耳を傾け、二、三日相談した末に拒否したのだった。だがよく考えれば当然のことである。そもそも一九一九年、義勇軍の創設にかかわり、その後共和国をつぶすためにありとある権謀術数とクーデタ計画を画策して、黒幕の異名をとってきた国防軍の将軍シュライヒャーなどと、労働組合が今さら手を組む理由などあるはずもなかったろう。

一九三三年一月末、シュライヒャーは二カ月前のパーペンと同じ状況に追いつめられた。彼は大統領に面会を求め、議会を解散するための緊急令を要請した。

事があったのは一九三三年一月二十八日のことである。当時大統領官房長官だったオットー・マイスナーの息子は、そのとき大統領とシュライヒャーとのあいだに交わされた会話の要点（おそらく父親が残した報告か手記にもとづくものであろう）を言葉どおり伝えている。それによるとシュライヒャーは次のように言った。「今後われわれは議会なしで統治しなければなりません。暴動があれば武力で鎮圧してみせます」

これに対するヒンデンブルクの答えはこうだった。「親愛なる友よ（昔はこんな呼びかけをした）、君がいま私にしている提案は、二カ月前に君ができないと言ったのとまったく同じ内容ではないか。そのためにパーペンは辞任しなければならなかったのだよ。そのとき彼が望んだことと、いま君が私に望んでいることは同じではないか。彼（パーペン）の計画を、君はあのとき実行できないと言ったが、それをいま君は実行しようとしている。しかも私の助けを借りて、私の権限と私の責任のもとで」

本当にこう言ったにちがいない。ヒンデンブルクの言葉からは非難と侮蔑、そして愛するパーペンを失脚させた憎い男がいま途方に暮れているのを目にし、思わず胸にこみあげてくるある種の快哉を感じとることができる。ヒンデンブルクは、シュライヒャーが懇願する緊急令の発動を拒否した。これによりシュライヒャーは辞任した。

その同じ晩、ヒンデンブルクはパーペンを呼んで、新内閣の組閣を命じた。

ヒトラー、全権掌握

パーペンは、不毛なシュライヒャー政権の二カ月のあいだ、無為に過ごしてはいなかった。彼は十二月一日、二日にシュライヒャーから受けた裏切りの一撃を決して許しはしなかった。復讐策を練っていたのである。パーペンは自分がヒンデンブルクの期待の首相であることをよく心得ていた。しかし十二月に痛い目にあったおかげでパーペンは、シュライヒャーがいてもいなくても、自分のクーデタ計画では国防軍を動かすことはできないのだということを、身をもって悟っていた。

新しいカードを切らねばならなかった。そのとき彼が思いついたのがヒトラーだった。というより、堂々めぐりしたあげくふたたびヒトラーに帰り着いたといったほうが当たっているだろう。いつだって彼はヒトラーを「雇い入れて」「飼いならして」やろうと思っていた。現に八月のときなどは、彼を副首相にしてやるつもりでいた。

そのパーペンが、いま失脚したわが身に向かってこう尋ねるのだった。「名目だけなら、誰が首相になろうが、副首相になろうがたいしたことではないのではないか。大事なのは、どちらが大統領の信任を得ているかということだ。ヒトラーがどうしても首相の名がほしいというのなら、くれてやってもいいではないか。たとえやつが首相になったところで、本当の首相はヒンデンブルクと直接つながっている自分であることに変わりはないのだから。それにヒトラーは自分の旧閣僚チームに囲まれてがんじがらめだ。おまけにやつは首相になっても、副首相である自分が賛成しなければ何一つできはしないし、自分がいっしょでなければ大統領の前で上奏することも許されないのだ。むろん副首相は自分でなければならない。もしヒトラーがこのような条件に応じるのなら、何も問題は起こらないだろう」

こう考えたパーペンは、ヒトラーの意向を探ることにした。

一九三三年一月四日、パーペンはケルンの銀行家でナチスの支持者でもある貴族出身のシュレーダー男爵の邸で、ヒトラーと会談した。結果は思いがけず好ましいものであった。ヒトラーが物わかりのよいところを見せたのである。

もちろんヒトラーは首相にはどうしてもなりたいと主張した。しかしパーペンの閣僚チームはそのまま続投してかまわない、ただナチスの人間を二人だけ入閣させてもらいたいとヒトラーは要求した。分野は内務省であった。そしてパーペンが副首相として主導権を握ることに関しては、どうぞお好きに、すべて承知しました、ということだった。こうしてパーペンとヒトラーの協定は、基本的にはこの一月四日の時点ですでに完了したのであった。

だがたがいに、相手にいっぱい食わせてやろう、最後に笑うのはこちらのほうだと思っていたことはいうまでもない。

意外なことに、ヒンデンブルクだけが難色を示した。大統領にすれば、ヒトラーを首相にすることなど頭の片隅にもなかったからある。ヒンデンブルクの本音はやはりパーペンに返り咲いてもらいたいというものであり、去る十二月一日パーペンに許可したような、憲法違反の包括的代理権をヒトラーにまで与えるつもりは毛頭なかった。「そもそも後になってよく考えてみると、先にパーペンの憲法違反に賛成したことはやはりまずかった」とこの老人は思いはじめていた。「こんなにも早く永遠の審判を受けることになるのなら、憲法違反に賛成すべきではなかった。だがもうこうなった以上、ヒトラーが首相になるならなるでしかたがない。だがそれなら議会の多数の支持を得た、合法的に選ばれたふつうの首相でなくてはならない」

大統領のこのような懸念に対して、パーペンはヒトラーとの協定に加えて、何か新しいアイデアを工夫しなくてはならなかった。だがひらめきのよい彼の頭脳に、そのアイデアはすでに浮かんでいた。

つまりヒトラー・パーペン新政権に議会制のうわべを装わせることが肝心で、そのためにはナチス党員に加え、連立パートナーとして国家人民党を迎え入れる必要があった。このこと自体はそれほど難しいことではなかった。なぜなら国家人民党は、議会内でパーペンを支持する唯一の政党であり、パーペン自身すでに以前から、自分が所属する中央党よりも、国家人民党と親しくしていたからである。しかし新しい連立政権が過半数を獲得するためには、新たな選挙が必要だったが、国家人民党は選挙をしたがらなかった。

結局彼ら（国家人民党）はパーペンを望んでいなかったのである。というのもパーペンはあいかわらず例の憲法破壊のクーデタ計画を捨てずにいたからである。しかし老いたヒンデンブルク大統領に、犬も食わないヒトラーというガマガエルを食べてもらうには、選挙以外に他の方法はなかったのである。

多くの紆余曲折、数々の紛糾混乱が一月二十九日の日曜日まで、いやそれどころかヒトラー・パーペン新内閣を大統領が承認する一月三十日の朝まで続いたのである。新たな選挙についてはさらにもめ続け、結局新内閣は、この選挙問題に決着をつけることなしに成立したのであった。言い争う人々に向かって大統領官房長官マイスナーが、「大統領閣下は待つことに慣れておりません」と言い放つことで、事態はようやくおさまった。

しかしまだこの一九三三年一月三十日に、すべてが決まったわけではなかった。新たに船出したヒトラー・パーペン双頭政権も、前のパーペン、シュライヒャー両政権同様、短命に終わるであろうと予想する政治家や政治評論家が多かった。ヒトラーにとっては、首相に任命されただけでは実際に権力を掌握したことにはならず、それはたんに目的に向けての第一歩でしかなかった。いざとなれば、パーペンの力はまだまだ強そうに思われた。

たしかにこの二人の男の狙いは、ポジティブな面では同じではなかった。パーペンが望んでいたのは保守的な王政復古であり、ヒトラーの目標は絶対的な独裁権力を握ることだった。しかしネガティブなことになると、両者ともさしあたっては同じ目標をめざしていた。すなわち議会制民主主義憲法の最終的な骨抜きと、まったく新しいタイプの国家建設ということであった。

その際あきらかになったのは、ヒトラーのほうが強い持ち駒をもっていたということ、そして軽量クラスのパーペンに比べ、ヒトラーははるかに強烈なパンチをもった重量クラスの政治家だったことである。

一月三十日から四週間たっても、見たところ何の変化も起こっていなかった。議会はふたたび解散されたが、それはいつものことでみな慣れきっていた。いつものように下品な選挙戦があり、ナチスと共産党とのあいだにいつもの殴り合いと刃傷沙汰があり、大衆はいつものように行進し、ヒトラーはいつものように野性的な演説をしまくった。その他の点では市民生活はいつもどおりに続いていた。

ドイツを本当の意味で揺るがして変えてしまった日、それは一月三十日ではなく、国会議事堂炎上事件翌日の二月二十八日であった。この日おこなわれた大量検挙をもって、国家テロがはじまった。この日ヒンデンブルクが署名した「民族と国家を保護するための緊急令」は、事実上、第三帝国のマグナ・カルタとなった。これによってすべての基本的人権は停止され、ヒトラーの専断的支配への道が開かれた。

一月三十日の時点ではまだ未決着だったヒトラーとパーペンの権力闘争も、即座に決着がついた。これによって、パーペンの政治的敗北が最終的にあきらかとなったのである。

次のような光景が伝えられている。この二月二十八日の午前、ヒトラー首相とパーペン副首相は、かねて協定でとり決めたとおり、二人そろって大統領を訪ねた。ヒトラーは、署名欄だけ空白にした緊急令をたずさえていたが、その文言には彼自身による恐ろしい全権掌握と、大統領の事実上の権力喪失とが含まれていた。ヒトラーはヒンデンブルクに向かって、「民族と国家を揺るがす死の危険」と、「それを払いのけるためただちにとらねばならない緊急措置」について滔々とまくしたてた。ヒンデンブルクは署名をためらった。彼にはすぐには何のことだか飲み込めず、もの問いたげにパーペンのほうに目をやった。するとパーペンはただうなずくのみだった。

そこでヒンデンブルクは署名をした。だが彼が署名したのは、たくさんの無記名の死刑判決だった。そしてその末尾にはドイツ帝国への死刑判決も記されていた。

（初出・バイエルンラジオ放送、一九八三年）

第7章 第二次世界大戦はいつはじまったのか

一九三九〜四〇年の冬
ドイツ国防軍が政権を握っていれば
おそらく戦前のドイツ帝国はもとより
ヒトラーが奪った一九三八年の領土さえも
保持することができたであろう

一九三九年九月は決定的なポイントではなかった

一九三九年九月一日、ヒトラーはポーランドを相手に戦争をはじめたが、これで第二次「世界大戦」がはじまったわけではなかった。実質的に第二次世界大戦がはじまったのは、一九四一年十二月、ようやくアメリカが参戦してからである。ドイツ・ポーランド戦争の勃発によって、九月三日イギリス・フランスはしぶしぶドイツに宣戦を布告したが、これさえもまだヨーロッパ戦争などといえるものではなかった。ヨーロッパ戦争がはじまったのはせいぜい、一九四〇年五月十日ヒトラーが西部で戦端を開き、チャーチルが英国首相に任命されてからのことである。

そして対ポーランド戦争は（たとえヒトラーが自発的にはじめたとはいえ）、彼が本当にはじめから望んで計画した戦争ではなかった。彼が本当に攻めたかったのはロシアであり、その意味ではポーランドはもともと同盟国で、敵にまわすつもりは毛頭なかったのである。

以上三つのテーマ、すなわち対ポーランド戦争が第二次世界大戦のはじまりではないということ、英仏の対独宣戦布告がヨーロッパ戦争のはじまりを意味しないこと、そしてヒトラーが攻めたかったのはロシアであったこと、こうしたことについてしばらく考えてみたい。

一九三九年のドイツ・ポーランド戦争は、第二次世界大戦のほんの前奏曲にすぎなかった。それは一九三五年のイタリア・エチオピア戦争、一九三六年のスペイン内乱、あるいは一九三七年の日中戦争が第二次世界大戦の序曲であったのと同じである。つまり第二次世界大戦というのは、第一次世界大戦のように、とつぜん爆発して起こった戦争ではなかったということである。

一九一四年、ヨーロッパの国際秩序および同盟体制が、数日のうちに爆発して起こったのが第一次世界大戦であった。これに対し一九四一年にはじまった第二次世界大戦は、すでにアジア、アフリカ、ヨーロッパで一部は燃え盛り、一部はくすぶっていた大小さまざまな火事が、ついに一本の大きな火柱となって噴きあげたものである。

第二次世界大戦を第一次世界大戦の継続、あるいはくりかえしと見る傾向がドイツにはあるが、これは間違いである。そのような見方ができるのは、ドイツ人の凝り固まった頭だけである。一九一四年から一八年の第一次世界大戦は、一つのヨーロッパ戦争であったが、これは実際に世界戦争の名に値する戦争であった。ただそれは一九一四年当時のヨーロッパがまだ世界支配の中心であり、そのためヨーロッパで起こった戦争が自動的に地上のかなりの部分を巻き添えにしたからにすぎない。

これに対して一九四一年から四五年の第二次世界大戦は、ヨーロッパの戦場もアジアの戦場もアフリカの戦場も、どれも等しく重要な意味をもったという意味で（おそらく大西洋と太平洋がもっとも重要な戦場であったであろう）、文字どおりの世界戦争であった。

第一次世界大戦の中心はドイツだった。ドイツはヨーロッパで二正面戦争をやり、一度も本土を戦場にすることなく敗れた。第二次世界大戦の中心はアメリカだった。アメリカは地球規模の二正面戦争をやり、やはり一度も本土を戦場にすることはなかったが、こちらは勝った（ロシアも第二次大戦の勝者であり、イギリスと同様に一九四五年以後アメリカの世界システムに組み込まれることはなかった。ただこのことが決まったのは、大戦後に続く冷戦時代になってからのことである）。

ここで興味深いのは、戦勝国アメリカだけが一九四一年から四五年まで、イギリスと手を携えて、地球全体を戦場にして、文字どおり世界戦争を戦ったのに対して、三つの敗戦国のうち日本はアジアと太平洋だけで、イタリアは地中海とアフリカだけで、そしてドイツはヨーロッパと大西洋だけで戦ったことである（もっともドイツは一時地中海・アフリカでイタリアを支援し、いっしょに戦ったこともあったが）。

いずれにしても世界大戦に突き進んでゆくのは、ようやく一九四一年になってからであり、本格的に世界戦争がはじまったのは、すでに述べたように同じ年の十二月になってである。一九三九年九月の時点で、第二次世界大戦はまだまったく予測不可能だった。

アメリカと日本というこの二つの主要参戦国は、一九三九年九月のドイツ・ポーランド戦争にまったく無関係であり、ロシアはドイツの側にあり、イタリアは制止・仲介役を引き受けてむなしくあきらめた後であった。

そしてただイギリスとフランスだけが、ドイツのポーランド攻撃を理由に、九月三日ドイツに宣戦布告した。だがこの宣戦布告にしたところで、はじめはたんなる外交アクションにすぎず、英仏側からの戦闘行為はまったくなかったのである。つまり一九三九年の時点で、英仏とドイツとのあいだにはまだ軍事的な衝突はなかったのである。

「英仏の宣戦布告があった一九三九年九月を、ヨーロッパ戦争のはじまりとすることができるだろうか」。ハンガリー系アメリカ人学者ジョン・ルカーチは、名著『最後のヨーロッパ戦争』でこのように問い、見事な解釈を展開する。ルカーチも筆者同様、第二次世界大戦のはじまりを一九四一年十二月とする。

ただ彼の場合、ヒトラーがおこなった軍事作戦、すなわち一九三九年九月のポーランド攻撃、一九四〇年四月のデンマーク、ノルウェー占領、一九四〇年五月、六月のフランス、オランダ、ベルギー、ルクセンブルク侵攻、一九四一年四月のユーゴスラヴィア、ギリシア制圧、そして一九四一年六月からの対ロシア攻撃、また一九四〇年六月のイタリアの参戦や、枢軸勢力に対するイギリスの抗戦継続などをひとまとめに、「一つながりの戦争」と解釈する。そしてこの戦争こそは一九三九年九月にはじまり四一年十二月の第二次世界大戦に突き進んだ、まさに「最後のヨーロッパ戦争」（しかもヒトラーはこれにほとんど勝利するところであった）であると結論するのである。

たしかにルカーチの見事な語り口と、卓抜な解釈には人をひきつける説得力がある。また第二次世界大戦がはじまったのは一九四一年十二月以降であり、それ以前の出来事はせいぜい第二次世界大戦を準備したにすぎないとする彼の解釈には筆者も賛成である。しかしだからといって、これらの出来事を一つの首尾一貫した歴史現象ととらえ、あっさり「ヨーロッパ戦争」と言いきってしまえるものかどうか、はなはだ疑わしく思われる。

一九四〇年、四一年に何が起こるか、そんなことが一九三九年九月の時点で予測できただろうか。いやそれどころか、あらかじめ計画されていただろうか。あるいは一九三九年九月の出来事の中に、逃れえぬ因果の糸が紡がれていたとでもいうのか。

こんな問いにたやすく同意することなどとてもできない。スカンディナヴィア諸国、オランダ、バルカン半島諸国といったヨーロッパの中立国はすべて、一九三九年九月になってもまだ不安と希望を抱きながら、戦争にかかわらないための努力を続けていた。イタリアも一九三九年の秋の時点ではまだ戦争回避の心づもりであり、ロシアにいたっては最後の瞬間までヒトラーと折り合えるものと信じていた。

ヒトラー自身はどうだったのか。すでに一九三九年の時点で彼は、一九四〇年、四一年に自分が何をやるかわかっていたのだろうか。いや、ほとんどわかってはいなかった。

彼がつねに目論んでいたのは、ロシアを攻撃することだった。だがその計画は一九三九年晩秋の時点で、ひとまず無期延期となった。彼がソ連攻撃を最終的に決意したのは、ようやく一九四〇年十二月十八日のことである。

その意味で、一九四〇年のデンマーク・ノルウェー占領も、四一年のユーゴスラヴィア・ギリシア制圧も、いわば即興劇にすぎなかった。スカンディナヴィアを攻めたのは、イギリスのこの方面への作戦の機先を制するためであり、バルカンに進出したのは、この方面におけるイタリアの敗北を食いとめるためだった。またヒトラーは北アフリカにも手を伸ばしたが、それはただ一九四〇年にここで単独で、軽率な戦争をはじめたイタリア軍を救い出すためにすぎなかった。

宣戦布告後も続いていた宥和政策

オランダ、ベルギー、ルクセンブルクを占領することは、ヒトラーにとって主要目的ではなかった。それはフランスに進軍する戦略上の理由から、やむをえずおこなわれたいわば副産物であった。またナポレオン戦争の時代と違って、一九三九年当時のヨーロッパには反ヒトラー大連合などはなく、ヒトラーのほうも、ヨーロッパ征服計画や、ヨーロッパ政治変革の青写真などもっていなかった。

一九四〇年と四一年にヒトラーがおこなった軍事行動は、どれもが単独作戦で、たがいに何の関連もなく、地理的に遠く離れており、つねに大きな休憩で中断されていた。したがってこれを首尾一貫した一連の出来事、一つのヨーロッパ戦争などと呼ぶには相当の無理がある。

ましてヨーロッパ戦争が、すでに一九三九年九月一日にはじまっていたなどとはとてもいえない。この日はじまったのはドイツ・ポーランド戦争であり、ロシアがドイツ側に立ってこれに介入し、ドイツの許可を得て甘い汁を吸ったのは、すでに勝敗が決まった九月十七日のことであった。これとよく似ているのは、後に一九四〇年六月、イタリアがドイツ・フランス戦争に介入したときである。いずれにせよ、一九三九年九月の時点で戦っていたのは、ドイツとポーランドとロシアだけであり、ロシアの場合は最後の瞬間に火事場泥棒的な戦争をしたのであった。

フランスもイギリスも戦ってはいなかった。イギリスは一九三九年三月三十日、ポーランドに安全保障宣言を発して、「全力で救済に駆けつける」などと約束しておきながら、いざそのときには何もしなかった。イギリスもフランスもドイツに宣戦布告しておきながら、その後ただ身構えたまま突っ立っていたのである。

九月中ドイツ国防軍は、ほぼ全軍を東方に動員してポーランドを攻めていたから、英仏側は西部戦線では圧倒的に優位だった。にもかかわらずその後七カ月のあいだ、西方では何の軍事行動も起こらず、むしろ宣戦布告がなされるや、たちまち不可解な休戦状態が支配したのであった。この休戦状態が破られたのは、ようやく一九四〇年五月になってからで、しかも破ったのは連合軍側ではなく、ヒトラーのほうであった。

一九三九年九月三日の英仏の宣戦布告をもって、ドイツとの戦争がはじまったというのなら、それは国際法・外交上のうわべの意味でしかない。真実をいえば、宣戦布告から実際の戦争がはじまるまでの半年間、それは英仏の側から見れば戦争の初期段階というより、むしろ戦争に先立つあの宥和政策の最終段階であった。

宥和政策とは当時の英国首相チェンバレンが発案した構想で、彼の名は永久にこの言葉と結びつけて記憶されるだろう。宥和政策は後に、ヒトラーの要求と脅しに対してただ力なく譲歩した弱腰外交の典型として罵倒されることになったが、事はそう単純ではなかった。宥和政策というのは、ヒトラーの政策に対抗するために、チェンバレンが独自に考案し、考え抜いた末の政治構想であり、これによってヒトラーの出方を試したり、受け流したり、かわしたりできると彼は考えたのだった。

チェンバレンの目的は、宥和政策の名が示すとおり、ドイツを「満足させて」、ヨーロッパに「平和をもたらす」ことであった。そのための方法として彼は一連の条件付き提案をおこなった。すなわちチェンバレン率いるイギリスと、これと行動をともにするフランスはヒトラーに対して、彼の民族主義政策の実現、すなわちオーストリアとズデーテン地方とダンツィヒをドイツに併合することを手助けしましょうともちかけたのである。そしてその場合の条件は、一、つねにイギリスおよびフランスの同意を得て行動すること。二、軍事力を行使しないこと、三、これらの領土獲得で満足すること、の三点であった。

一、二の条件を満たすことは、はじめから無理であった。そして一九三九年三月、ヒトラーがプラハに進軍するにいたって、三つ目の条件も堂々と踏みにじられてしまったのである。いまや彼は英仏両国の目に、民族主義政策の遂行者としてではなく、帝国主義的目的の追求者としか映らなくなってしまった。

ヒトラー・ドイツに対する英仏の政策に転換があったとすれば、それは一九三九年九月ではなく、同年の三月であった。すくなくとも一九三九年三月に、ロンドンとパリで空気が変わったことはたしかである。しかし宥和政策がただちに放棄されてしまったわけではなく、その方針はなお一年間継続された。

一九三九年三月に転換したのは宥和政策の方法であり、九月に転換したのはその宛先だった。すなわち三月までの宥和政策は、主として譲歩提案によって進められたが（一九三八年九月のズデーテン危機のときはすこし脅しをかけたが、このときもやはり譲歩と脅しと半々であった）、一九三九年三月以降になると脅しが主となったのである。そして一九三九年九月まで宥和政策はヒトラー宛てで進められていたが、一九三九年九月以降は、ドイツ国防軍の将校および反ヒトラーの保守派グループへと「宛先」が変更された。そしてこの二つの変化、すなわち宥和政策の方針が転換されたことと、宛先が変わったことには関連があった。

イギリスとフランスには、宥和政策の目的には賛成だが、そのやり方は間違っていると主張する政治学派があった。この学派の人々の考えによれば、ヒトラーを平和路線に転換させたいのなら、穏やかなやり方ではなく、厳しい方針で臨むべきだというのである。つまり相手がおとなしくすればご褒美を出すというだけではなく、度を越えればそのときは戦争だということをはっきり言い聞かすべきだという、いわば硬派路線である。

そして注目すべきことにこの学派は、イギリスやフランスだけでなく、他でもないドイツ国防軍の反ヒトラー保守グループ内にも代表者をもっていたのである。この人々は一九三八年の夏、そして一九三九年の夏にもロンドンに出没して、イギリス政府首脳部にヒトラーに対して強硬策をとるよう強く勧めたのだった。

「戦争が間近だと脅せば、反ヒトラーグループも好機至れりと軍事クーデタを起こして独裁者を倒すであろう」というのが彼らの論拠であった。それにくわえて一九三九年、彼らはこんな指摘もしたのだった。すなわち「一九三八年九月の時点ですでにクーデタの準備はできていた。ただチェンバレンがミュンヘン会談で譲歩したためにすべてが台無しになってしまった」というのである。

イギリス側はこうした主張に対して半信半疑のようだった。それが証拠にイギリス首脳部は、ドイツのプラハ進軍があったにもかかわらず、宣戦布告の直前になってもなお最後の宥和の試みを優先させていた。つまりヒトラーはダンツィヒの獲得で満足するだろう、そして対ポーランド戦争はすくなくともミュンヘン会談のような会議が開かれるまで延期するだろう、という希望的観測に最後まですがりついていたのである。

だがヒトラーはすべての期待を裏切り、ポーランドを攻撃したのであった。そこでチェンバレンはやむなく、宥和政策に残された最後の絶望的カードを切ったのである。それがドイツへの宣戦布告だった。しかしそれで戦争がはじまったわけではなく、宣戦布告はただドイツの将校たちにクーデタを誘発するきっかけを与えたにすぎなかった。

反ヒトラークーデタを誘発する、この目的をチェンバレンは十月十二日の演説ではっきりと述べ、ヒトラーからの和平の提案（ポーランドでの既成事実を英仏に承認させるためのもの）を拒絶した。しかしチェンバレンは同じ演説の中で、ドイツがポーランドを征服したにもかかわらず、「信頼できるドイツの政権とならば」和平交渉をおこなうと提案したのである。

事実、一九三九年から四〇年の冬、英仏代表とドイツの反ヒトラーグループのあいだでは、さまざまな場所、さまざまなレベルで和平のための交渉がおこなわれたのであり、一九三九年晩秋にはそれどころか、ドイツ国防軍の二人の最高首脳ブラウヒッチュとハルダーによって軍事クーデタ計画まで練られたのである（ヴィッツレーベンなどの軍隊長によるクーデタ計画はこの一年前からあった）。

しかし周知のように、こうしたクーデタ計画は何一つ成功しなかった。一九三九年から四〇年冬における、ドイツの反ヒトラー将校たちのクーデタ不発はイギリス人を落胆させた。そのためか、その後状況がすっかり変わった一九四三年、ドイツ国防軍の反ヒトラーグループがスウェーデン経由でイギリスに連絡してきたときも、イギリス側は彼らを相手にしようとはしなかった。

一九四四年七月二十日の反ヒトラークーデタは、四年半遅かった。それは一九三九年から四〇年冬に起こっていなくてはならなかった。もし当時ドイツ国防軍がクーデタに成功していたら、西部で戦争がはじまる前に戦争を終わらせることができただろう。そしてクーデタの結果ベルリンに保守的な軍事政権が誕生し、ヒトラーが一九三八年に奪った領土でさえも戦わずして保持することができたろう。なぜならイギリスは、宣戦布告したにもかかわらず、なお宥和政策を放棄してはいなかったからである。

イギリスが宥和政策と決別したのは、一九四〇年五月十日、チャーチルが首相に任命されてからである。奇しくもこの同じ五月十日、ヒトラーはフランス侵攻をはじめたのであった。というわけで歴史的に見ると、英仏にとって実際に戦争がはじまったのは、一九三九年九月三日ではなく、一九四〇年五月十日なのである。

ヒトラーに反旗を翻したポーランド

これに対して一九三九年九月一日にはじまったのは、ただたんにドイツとポーランドとの戦争であった。しかしこの戦争にも謎めいたことがいくつもあった。というのもドイツとポーランドは一九三四年から三九年まで、もっとも仲のよい友人だったのであり、それどころか、ピウスツキ元帥および彼の後継者たちが率いるポーランドは、ヒトラー・ドイツがこの五年間に得た唯一の友であったといっても過言ではなかった。

オーストリアやチェコスロヴァキアと違って、ポーランドは一九三四年一月ドイツと不可侵条約を結んで以来、ヒトラーの脅威を感じてはいなかった。両国の関係はきわめて真心のこもったものであり、ドイツとポーランドは幾度となく行動をともにしたものだった。

たとえばダンツィヒでポーランド人はナチス政権を承認するどころか、歓迎さえしたのである。そして一九三八年ドイツがチェコスロヴァキアを解体したときなどは、ポーランドもこれに便乗してチェコスロヴァキアの領土をひとかけら奪いとったほどだった。それがなぜとつぜん戦争になったのか。

表向きはよく知られているようにダンツィヒの問題である。ヒトラーはこの自由市を公式にドイツに併合しようとポーランドに要求したが、ポーランド側はこれを拒絶した。だがドイツ・ポーランド戦争は、決してダンツィヒが原因で起こった戦争ではなかった。そのことはヒトラーが対ポーランド戦争を、はじめから殲滅戦争と考えていたことから窺い知ることができる。すなわちポーランドを攻撃する三週間前の八月十一日、ヒトラーはダンツィヒの国際連盟派遣総督ブルクハルトにこう打ち明けていたのである。「ポーランドなど予告なしに粉砕してしまおう。そうすればポーランドのかけらも残らないだろう」

もしヒトラーにとって都市国家ダンツィヒを獲ることだけが目的なら、いつでも急襲して、難なく占領することができた。むろんそのことでドイツ・ポーランド間の友好は崩れ、ポーランド人は声高に抗議したであろう。しかしダンツィヒだけのことで、軍事的に圧倒的に勝るドイツを相手に勝ち目のない戦争をするなど、ポーランドにはとてもできなかったはずである。

それは別にしても、一九三九年当時のダンツィヒは、一九三八年におけるオーストリアやズデーテン地方とは違って、公式に併合される前からすでに事実上ナチス・ドイツの属領になっていたのである。ダンツィヒは、ポーランドの完全な同意を得た上で、ナチスの市政府がヒトラーの指示に従ってこれを統治していたのである。それどころか、「水晶の夜」と呼ばれるユダヤ人虐殺事件は、一九三八年ドイツ本国だけでなく、ダンツィヒでも起こったのであり、それはギュンター・グラスの作品にも出てくる。

さらにもう一言付け加えるなら、ダンツィヒはポーランド領ではなかった。したがってそう簡単にはドイツに割譲できなかったということである。つまりダンツィヒは国際連盟管理下の自由市であり、もしポーランドがドイツと結んでこれをドイツに併合してしまったとしたら、それはドイツとポーランドが共謀して国際連盟に反旗を翻したことになり、ポーランドは西側諸国の支持も同情も失い、もはやドイツの善意にすがるしかなくなってしまったであろう。

こうしたことを考え合わせれば、なぜポーランドが、ヒトラーのダンツィヒ返還要求をあれほど強情に突っぱねたのか理解することができる。

しかしダンツィヒ問題は、ドイツ・ポーランド交渉におけるほんの表向きのテーマでしかなかった。ドイツ・ポーランド交渉は一九三八年から三九年にかけての冬にはじまり、三月末に決裂してしまったが、その際ポーランドにとって危険だったのは、ヒトラーのダンツィヒ返還要求よりも、その要求の見返りとして彼が提示してきたいくつかの「提案」のほうであった。

すなわちヒトラーは、ドイツ・ポーランド条約は二十五年期限にすること、「ユダヤ人問題」で共同政策をおこなうこと、ロシアの脅威に備えて防共協定を結ぶこと、さらにはウクライナにおける共同作戦、すなわち対ロシア軍事同盟を結ぶことなどを提案してきたのだった。しかしこれはもう、後のルーマニアと同様、ポーランドをロシア攻撃のための進軍通過地域(ようするに通路)にすること、そしてポーランド人を対ロシア戦争に徴兵するのと同じであった。

ドイツとロシアにはさまれたポーランドにとって、これは独立国であることをやめよと言われるに等しかった。むろんポーランドにそんな用意はなかった。「ポーランドにできないことが二つだけある」。一九三九年四月にロンドンでおこなわれた協定交渉の席で、ポーランド外相ベックは祖国の苦衷を説明した。「すなわち政治方針において、ベルリンに従属すること、もう一つはモスクワに従属することである」

その言葉どおり、じつに断固たる態度でポーランドは、一九三八年から三九年の冬ヒトラーが無理に結ばせようとした対ロシア軍事同盟を拒絶したのだった。そればかりかポーランドは、一九三九年夏イギリスとフランスが押し付けようとしたロシアとの対ドイツ軍事同盟も断固拒絶したのだった。

ポーランドにすれば、たとえ味方であっても、ドイツ国防軍やロシアの赤軍を国内に入れるつもりはなかったのである。いやむしろ、敵として攻めてきてくれたほうがましだとさえ思っていた。その場合なら国土防衛の名目で堂々と戦えたからである。

このようにポーランドがとった態度は、じつに誇り高いものであった。たしかに英仏独露の首脳からすれば、身の行く末をわきまえない無分別な態度ともとれただろう。だがポーランド人の名誉というものに、何人も敬意を表さないわけにはいかない。そもそも自己保存というもっとも根源的な本能に決定されてとった態度を、無分別だなどと誰が言えるだろう。

おそらく一九三九年のポーランドには、どんな死に方をするかという選択しか残されていなかった。その彼らがとった選択がもっとも苦痛に満ちた、しかしもっとも名誉ある死に方であったとしても、いったい誰にそれを責める権利があるだろうか。

一九三九年三月末ヒトラー・ドイツとポーランドとの交渉が決裂した決定的な原因は、ダンツィヒをめぐる両国の見解の相違よりもむしろ、ポーランド側の同盟拒否にあった。ヒトラーがつねに望んでいたこと、何が何でも生きているうちに全力で成し遂げたいと考えていた生涯の目標、彼の思いのすべて、それはロシアに対する征服戦争であり、それによる生存圏の獲得であった。だがドイツとロシアのあいだにはポーランドという国が横たわっており、ロシアに攻め込むには、ポーランドを獲ってしまわなければならなかった。

ではどうやって獲るか、それには三つの可能性があった。一番望ましいのは、同盟を結んでポーランドを属国にし、ドイツに協力してもらうことだった。それが駄目な場合は、征服して占領してしまうことだった。そして第三の可能性は、ロシアと協力してポーランドを分割することだった。

結局、ロシアと組んで第四回ポーランド分割をおこなったわけだが、ヒトラーにとってこの選択は三つの可能性のうち最悪の選択であった。しかしそれでもまだとりうる選択であることに変わりはなかった。なぜならこれにより彼にとって決定的に重要なこと、すなわちドイツとロシアが直接軍事国境を接することが達成できたからである。

第一の可能性（ポーランドを従属的同盟国にすること）を、ヒトラーは一九三八年から三九年の冬、目標に掲げたが、これはポーランドの拒絶にあって挫折してしまった。第二の可能性（ポーランドを征服占領すること）は、一九三九年四月以来計画されていたが決断にはいたらなかった。そして第三の可能性（ロシアと協力してポーランドを分割すること）が決定されたのは、ようやく八月になってからだったが、一度決定されるや、あわただしく実行に移された。

一九三九年の三月から八月のあいだに大きな休憩があった。たしかにこの時期もヒトラーは戦争の準備を進め、神経戦のため業を煮やしてはいたが、外交においても軍事においてもまったく受身の姿勢でいた。ドイツ・ポーランド間の交渉はもはやおこなわれず、英仏もしくはロシアとの交渉もなされなかった。

では、なぜこの時期ヒトラーは積極的に動かなかったのか。その理由は、三月三十日にイギリスがポーランドに安全保障を約束したこと、そして英仏露のあいだで対ドイツ軍事同盟交渉がおこなわれていたことにある。しかしこの交渉は結局妥結にはいたらなかった。その原因はすでに述べたように、ポーランドがロシアとの同盟を拒絶したためである。ポーランド人はロシアの赤軍が同盟軍として国内を通過するのを許さなかったのである。

ポーランドの拒絶に、イギリスは不承不承、フランスはそれほどいやな顔もせずに従った。一方ロシアは、ポーランドへの進駐が認められないと知って、こんな同盟は真っ平だと尻込みしたのであった。ロシアにすれば自国内での戦争は避けたかったのである。

世界戦争への道を開いた各国の誤算

「こうした交渉に最後の平和の望みが託されていたのに、それが決裂してしまったために（その主たる原因はポーランドにあった）、ヒトラーの戦争決定が容易になってしまった」ということがよく言われてきた。だがそれは憶測にすぎない。もしも一九三九年夏、ポーランドの頭越しに英仏露がおこなっていた交渉が成立していたら、ヒトラーがどのような行動に出たか、そんなことは誰にもわからない。

おそらく一九三九年夏の時点では、ヒトラー自身さえもわかっていなかっただろう。ひょっとして英仏露の大連合に威嚇されて彼は戦争を延期し、おとなしく引き下がるかわりにダンツィヒを与えられて満足したかもしれない（これがイギリスの宥和政策の狙いでもあった）。その場合ヒトラーは、ここで自分が戦争などしなくても、西方の英仏と東方のロシアとの同盟は、内部矛盾と相互緊張関係のためにほどなく崩壊するだろうと予測し、自分を納得させたであろう。

だが、もしかするとそれとはまったく逆に、たとえ戦争になっても（つまり自分が戦争をはじめても）英仏露の同盟は（状況によっては負担の担い方について三国同盟に不和が生じて）どっちみち壊れるに決まっていると予測して、あえて戦争に踏みきったかもしれない。それはちょうど彼が一九四一年、イギリスとの戦争にも決着がつかず、しかもアメリカの参戦が迫っていたにもかかわらず、あえてロシア攻撃に踏みきったのと同じである。彼がどのような決定を下したかは、誰も知ることはできないのである。

いずれにしても、八月はじめまでヒトラーは、とり返しのつかないような決定は何一つしていなかった。彼がそのような決定を下したのはようやく、ロンドン・パリ・モスクワ間の同盟交渉が決裂したとわかってからだった。そのときヒトラーが決定したのは、先に述べた三つの可能性のうちの三番目の選択肢、すなわちロシアと結んでポーランドを攻撃し、ドイツとロシアのあいだでポーランドを分割してしまうことだった。

ロシアと同盟することでヒトラーは、英仏に対ポーランド安全保障義務を放棄させることができると考えたようだ。だがもしそれができなければ（つまり英仏が引き下がらない場合は）、ロシアへの攻撃は後回しにして、まずは西部での戦争を先におこなわねばならなかった。

八月二十三日の独露不可侵条約はヒトラーの発意にもとづくものであったが、スターリンはこの誘いに待ってましたとばかりに飛びついた。英仏との同盟交渉ではあれほど疑心暗鬼にとらわれていたスターリンが、なんという変わりようであったことか。これによって彼が、ヒトラーの戦争決定を容易にしたことは疑いない。

しかしだからといってスターリンばかりを責めるのは少々酷である。というのもこの時点で彼はすでに、ヒトラーがポーランドに対してのみならず、ロシアに対しても戦争をしようと目論んでいることを読みとっていたのであり、その点で彼は惑わされたわけではなかったからである。スターリンの狙いは、ドイツの矛先をロシアからそらすことであり、それはロシア側にすれば至極当然な狙いであった。

問題は、ドイツとの戦争を避けるには英仏と同盟を結ぶのがよいか、それとも直接ヒトラーと同盟を結ぶほうがよいかということだった。英仏と同盟すれば、ヒトラーを敵として迎え撃たねばならないことは目に見えていた。これに対してヒトラーと同盟を結べば、ポーランドをはさんでロシアとドイツはたがいに提携することになる。これはあきらかにヒトラーと組むのが得策であった。

そしてスターリンはさらに次のように先を読んだ。すなわち英仏は、ポーランドに安全保障を約束していたのだから、ロシアと同盟を結ぼうと結ぶまいと、ドイツがポーランドを攻めた場合はポーランドを助けなければならないだろう。これによって英仏とヒトラーが事を構えることになれば、ロシアは時間稼ぎができる。西部での戦争が長引いて、ドイツが消耗すれば、もしかしてドイツとの戦争は避けられるかもしれない。

スターリンの第一の読み、すなわち西部での戦争は長引くだろうという読みは見事に的中した。しかし第二の読み、つまり対独戦争は避けられるかもしれないという読みは外れてしまった。

いずれにせよ一九三九年九月のドイツ・ポーランド戦争はあきらかに、考え違いが生んだ悲劇であった。英仏は計算違いをし、ポーランドは自己を過大評価し、ロシアはひねくれた戦略をとった。こうしたことが戦争の勃発を助けたのである。しかしこの戦争を本当にやろうとしたのは、ヒトラーただ一人であった。先に引用した一九三九年八月十一日における、国際連盟派遣総督ブルクハルトとの会話で、ヒトラーはめずらしく本音を漏らしている。「私の狙いのすべてはロシアに向けられている。もし英仏がこれを見抜けぬほど馬鹿ならば、私はロシアと申し合わせて英仏を叩き、これを敗北させたあと、今度は全力を結集してソ連（ママ）を攻撃するであろう」

ここではポーランドのことは一言も述べられていないが、この発言が、一九三九年九月一日にヒトラーがはじめた戦争の鍵を握っていることはたしかである。

（初出・Merkur《メルクール》誌、一九七九年）

第8章　ドイツはなぜ間違ったか

歴史とは過去におこなわれた政治が
凝固したものであり
政治とはいまだ凝固せず
流れ続ける歴史のことである

ドイツ史を貫く非理性主義の系譜

政治とは通常、理性的なものだろうか。政治と理性は、たがいに結びついたものであろうか。私の考えを忌憚なく言わせてもらえば、そうである。もちろんこれには多くの異論があるだろう。

中にはこれとまったく正反対の立場をとる見方もある。つまり「政治こそはまさに非理性的なものが支配し、決定権を握る分野であり、権力への意志、権力の魔物、個人もしくは集団の野望、威信へのこだわり、大衆の狂気、封じ込められた怨念などがいっきに爆発してせめぎあうのが政治の場である。民族の魂、国民精神、神話、大地に育まれた生命、伝統といったものが表舞台に出てくるのが政治であり、冷ややかで味気ない、薄っぺらで退屈な理性の出番などどこにもない」というのである。

まさにドイツでは、後者の意見、すなわち政治を非理性的なものとする考え方が長いあいだ支配的であった。こうした考え方が頂点に達したのは、ナチスの時代であり、ナチズムを後押しした政治思想家カール・シュミットなどは、すべての政治思想、すべての政治行動は、敵か味方かというきわめて単純な図式、すなわち人間生活の中でもっとも非理性的で感情的な尺度で決定されると説明している。

このように政治を敵味方の図式で説明しようとするシュミットの考え方は、まるで政治と戦争をとり違えているようでもあるが、戦争もある意味では政治が崩壊したもの、すなわち崩壊した段階の政治といえなくもないから、このような考え方が出てきたのだろう。

しかしいずれにせよカール・シュミットの考え方は、ナチス時代固有のものではなく、尊ぶべき長い伝統に連なるものであった。すなわちロマン主義、歴史主義、ニーチェ、ヤーコプ・ブルクハルト、マックス・ヴェーバー、シュペングラーなどの哲学がそれであり、それらはみな次の点で一致していた。すなわち政治的意思も政治的行動もすべて、深い非理性的な根源から発するものであり、もし政治家が実行力、突破力、貫徹力、勝利する力、克服する力を得たいとするなら、それは深く非理性的な根源から生み出されねばならないというのである。

これが十九世紀から二十世紀前半の一九四五年まで、ドイツ思想界を支配した政治思想であり、この考え方は政治における理性というものを見下していた。つまり冷静に利害を計算することや、慎重に力関係を見極めること、妥協することや順応すること、調整しながら解決の可能性を手繰りよせること、このような実務能力、いわゆる政治的リアリズムを当時のドイツ思想界は軽んじたのである。

ようするに過去百五十年におけるドイツの政治思想にとって、政治とは集団的自己実現、国家民族の自己発展のようなものであり、そのために損害や犠牲があってもかまわないという姿勢だったのである。

だからドイツの政治で非理性主義が百五十年続いたあげくに、一九四五年の破局があったというのは決して偶然ではなく、むしろ当然の成り行きであった。このような政治思想が破局に終わるのはあらかじめ想定されていたことであり、それは交通規則も車の流れも無視して、ただひたすら自己実現・自己陶酔のために車を走らせるドライバーの人生が、確実に事故死で終わることが予想されるのと同じである。

しかしいま述べたような政治的非理性主義や生命力に満ちた悪魔的で悲劇的な歴史観を、ただ一九四五年のドイツの破滅という結果だけをもって「だからこんなイデオロギーは駄目だ」とあっさり否定して片づけるつもりは、私にはない（そもそも歴史と政治は、さまざまな要素の結びつきで見え方が異なっているだけで、つきつめれば同じである。歴史とは過去におこなわれた政治が凝固したものであり、政治とはいまだ凝固せず流れ続ける歴史のことである）。こうした非理性主義的歴史観の代表者たち（たとえばニーチェなど）は、悲劇や破滅をいさぎよく受け入れて耐え忍ぶ覚悟ができていたのであり、どんな悲劇もどんな破滅も彼らの政治哲学にはあらかじめ織り込みずみだったからである。

彼らは己の運命、たとえそれが悲劇的なものであろうとも、己の運命を喜んで肯定することを人々に求めた。歴史も政治も、それは彼らにとってはまぎれもない悲劇であり、おそらくつねに悲劇であらねばならなかった。なぜなら恥多き長い人生を慎重に生きる計算家よりも、堂々と滅びてゆく英雄のほうがはるかに魅力的だったからである。

国家の究極の目的は自己保存

こうしたことの是非について、議論するのは難しい。私にしても、政治がどうあるべきかを問うつもりはない。ただはじめにあきらかにしておきたいのは、政治というのは通常何であるかということ。つまり政治というのは、悪魔的な領域、悲劇の舞台であるのか、それとも冷静な理性と計算高い順応性と慎重なポジション選びの場所なのかということである。

おそらくその両方であろう。しかし私には、客観的な理由からして、政治においては理性の原則のほうが支配的であり、それが本来の姿であるように思われる。なぜなら一般的に見て、責任が大きくなればなるほど、理性の果たすべき役割も大きくなるからである。

簡単に説明してみよう。人間というのは、かならずしも理性的な生き物というわけではない。もちろん人間はみな理性をもってはいるが、それだけではなく、衝動、気分、好き嫌い、理想、良心といったたくさんの他の要素も備えており、私生活においては理性よりもこうした非理性的な要素のほうが支配的である。

そして人生のさまざまな決定に際しても感情的、感覚的な要素のほうが決定権を握ることが多い。もちろんそれで構わないのであり、いつも慎重で計算高く、自己保身と自己の利益のためだけに生き、それ以外には何の関心ももたないようなただの理性的人間のほうが、むしろ鼻もちならない厄介な存在である。

しかしいくら本能のまま、気の向くままに生きている人間でも、いったん家庭をもつとたんに「理性的」になるものである。それは当然であろう、何しろ責任を引き受けたのだから。妻（夫）や子供のことを考えないわけにはいかない。そのため独身でいたときのように気分や衝動に流されたり、好き嫌いで物事を決めたり、たとえどんな状況にあっても自分の理想や良心にだけ従うわけにはいかなくなる。もしそんなことをすれば、たちまち顰蹙を買ってしまうだろう。だからたいていの人間は万が一にもそのような行動には走らないのである。いわば心理的に一種の自動制御装置が作動するためであり、責任が高まればそれだけ理性の力も強くなる。

　まして自分が担当する領域が大きくなればそれだけ、理性の働きも強くなる。農場を経営する農夫、町工場の社長、実業家、企業家、大企業のマネージャー、官僚、銀行家、彼らはみなそれぞれの職業生活の中で、徹頭徹尾理性的に行動している。妙な考えを起こす者は一人もいない。

　もちろん私生活では、奇人、変人、夢想家で通っている人もいるであろう。だが仕事においては一瞬たりとも惑わされることなく、彼らは職業と任務の命ずるところに従い、正確に冷静に論理的に慎重に理性的に行動するのである。もちろん失敗はする。いかなる理性といえども完全無欠ではないからである。しかし意図的に理性に反する行動を起こして、悲劇の中に自己実現を図るようなことだけは、すくなくとも仕事の上では、誰一人考えてはいない。

　だがもっとも責任の重い仕事は何かといえば、それは疑いなく政治であろう。何しろ国家運営の面倒を見なければならないのだから。政治家が背負う責任の重さはもはや、家庭の父親や一企業の経営者の比ではない。半ダースの家族や、百人、千人の従業員ではなく、何百万、何千万の国民に対して責任をもたねばならないからである。

　理性の強制はここにおいて頂点に達する。「国家理性がすべての政治行動を規定しなければならない」とは昔からよく言われてきた。いやそれどころか偉大な政治家というのは、道徳やヒューマニズムや良心よりも、あえてこの国家理性のほうを重視してきたほどである。さてその国家理性なるものを、いま私たちは問題にしている。しかし国家理性が、たんなる情熱、気まぐれ、願望的目標、敵味方の感情などとは、比べものにならないほど高尚なものであることだけは疑う余地がない。

政治とは国家運営のことであり、人間の責任感の度合いでゆくと、政治こそは理性がもっとも有効に活躍できる本来の場だということがいえる。つまり政治というのは、理性の力すなわち冷静な現実感覚、利害の計算、慎重な検討、一つの決定がもたらすありとある影響と結果を周到に予測する能力、独断的な願望や勝手気ままな感情（とりわけ怒りの感情が一番危険である）を冷静に抑制する力、こうした理性の力をもっとも有効に発揮できる場なのである。

そしてきびしい自己鍛錬をみずからに課して、目的の遂行においても手段の選択においても、理性の要求に忠実に従う政治のみが、国家を長く平和に存続させることができるのである。

さらに、政治を理性の本来の活躍場所にしている要素がもう一つある。それは自己保存である。自己保存こそは、理性が発する至上命令である。自己保存は個々の人間にとってももちろん重要なことである。だがそれはかならずしも人生でもっとも重要なこと、人生の究極の目的ではない。しかし国家にとっては自己保存こそが、もっとも重要な、絶対的に重要な目的なのである。

人間の命は短い。しかも人生の後半、あるいは最後の四分の一は（前半生と比べて）たいていは悲しいものである。だがそのためにこそ人間には子孫というものがある。これに対して国家には子孫というものはない。そのかわりに国家は、理性的に行動すれば、たいへん長く生きることが可能である。そして国家はあえて年老いる必要もない。それゆえ国家にとっては自己保存ということが、もっとも重要かつ究極の目的なのであり、長らえることこそが唯一にしてすべてである。

国家というのは一個人と違って、子孫とか自己の魂の救済とか、何らかの理想のためにみずからを犠牲にすることのできないものだ。一個人ならば命を捨てるに値する大いなる無分別が存在するかもしれない。しかし国家にはそのようなものは存在しない。個人は意義深いことのためにみずからを犠牲にすることができるかもしれない。しかし一つの国家が無分別な大冒険のためにみずからを犠牲にするとしたら、それがどんな崇高な目的のためであっても、それはただ無意味な犠牲でしかない。

だから理性が発する至上命令、すなわち自己保存は、政治が発する至上命令でもあるのだ。その意味で政治的理性、すなわち国家理性こそは、純粋理性、理性そのものであるといえる。

大きかった政治的無分別の代償

しかし人間の生活においては、そして政治も人間の生活にほかならないが、そこにおいては周知のごとく完全無欠なものなど一つもない。賢者の大樹の下には、つねに毒蛇が這いまわって牙をむいている。政治というのは最高責任の場、もっとも厳格な理性の場であると同時に、誰もがよく知るように、常軌を逸した情熱の舞台、熱狂と犯罪が荒れ狂う悪魔の踊り場でもあるのだ。なぜ悪魔の踊り場なのか、それには二つの理由があるが、それら二つの理由は奇妙なことにまったく相反する性格のものである。

第一の理由は、政治が権力と関係していることである。権力とはこの世に存在するもっとも強烈な麻薬である。政治をおこなおうとするなら、権力をもたなくてはならない。しかし権力は人を腐敗堕落させる。権力をめざす過程においてすでに堕落がはじまり、権力を掌握したときには際限なく握り続けようとするがために、すっかり腐敗しきっていることが往々にしてある。そうした例は数えあげたらきりがない。

さてこうした権力の腐敗を防ぐ一つの対抗手段として登場したのが、デモクラシーである。デモクラシーのもとでは、権力は制限されコントロールされる。いくら権力をもっても不信任投票や任期満了などで交代させられる。デモクラシーのもとで政治をおこなうのは王や皇帝ではなく、いわば事業報告を義務付けられた官僚、マネージャー、支配人たちである。こうすることでデモクラシーは、権力者を飼いならし、権力者の責任を重くできると信じている。

しかしかならずしもそうはいかない。たとえ民主主義政体のもとでも、ほとんど独裁者と変わらない権力を手に入れる、きわめて強い政治家が現われることがあるからだ。しかしこうしたことを別にしても、デモクラシーというのは政治における悪魔的な無分別に対して、さほどたいした抵抗力をもっていない。暴君の乱心がデモクラシーを脅かすのではない。大衆の狂気がデモクラシーを揺るがすのである。

人が権力に魅せられやすいのと同じように、大衆もまたそそのかされやすいものである。恐ろしいことに、個人の人生が干からびたものになればなるほど、大衆はますますそそのかされやすくなる。人々の生活が標準化し、大量生産化し、マニュアル化が進めば進むほど、大衆はますます洗脳されやすくなる。

高度技術時代の中で規格化された大衆は、退屈のあまりいともたやすく、政治の舞台に興奮や逸脱や刺激を求めるようになり、それどころか自分の人生では見出せないような、極度の高揚や熱狂や飛躍を期待するのである。しかしそうした興奮や刺激は、個人の人生の中にこそ求めるべきもので、政治に求めてはならないのである。

おそらく、政治や政治哲学における非理性主義の台頭と、人間生活における技術化・産業化の進展が軌を一にしているのは、たんなる偶然ではない。おそらく、人間一人ひとりの人生が面白いものになれば、政治もまた理性をとり戻すだろう。

ようするに、政治は理性の仕事場であると同時に、また悪魔の踊り場でもあるのだ。大事なことは、どこに正しくアクセントを置くかということ、つまり政治における理性の働きをおおいに認め、理性に反することはチェックしてこれに制限を加えることである。

ドイツの政治家や政治哲学者たちが過去百五十年のあいだに犯した過ちというのは、彼らが政治の中に非理性的なものや悪魔的なものの不気味な働きを発見したそのことにあるのではない。そうではなく政治における非理性的なものや悪魔的なものにすっかり夢中になって、政治的理性の働きを軽んじたことにあった。

こうした誤った価値判断の残存物を、私たちドイツ人はいまだに引きずっている。それは何もナチス時代からだけのものではない。こうした過去の誤った価値観を、私たちは厳しく思想統制しなければならない。われわれが犯した政治的無分別、それはかならずしも全部が全部みな下品で不名誉なものばかりだったわけではない。しかしいずれにせよわれわれが犯した政治的無分別の代償は、近年すさまじい高騰を見せた。その代償はドイツ民族の消滅と引き換えになるほどの額である。


（初出・北ドイツラジオ放送、一九六六年）

第9章 ワイマール憲法が失敗して ボン基本法が成功した理由

ドイツ人にとってはデモクラシーよりも
国家が安定していることのほうが
大事なのである
デモクラシーが国家の安定を
もたらすかぎりにおいてのみ
ドイツ人はデモクラシーを守ることだろう

憲法をめぐる理想と現実

一般的な経験からすると、国民生活における憲法の実際が、憲法の理想を上回ることはまずない。とりわけ憲法が、革命の勝利と熱狂の中から生み出された場合などは、たいてい自由・平等・友愛を高らかに謳いあげ、国民の国民による国民のための憲法であることを誇り、いわばこの世の理想郷を人々に約束する。それだけにいざ憲法が実際に施行されると、人々の味わう幻滅も大きいのである。結局、政治的日常に戻ると、あのゲーテの警句の一節が現実のものとなる。

誰もが骨身に感じていることだが、権力の偏りを
この世から葬り去ることはできないのだ

またほとんどの憲法が、高い理想を掲げ、自分こそは「最終決定版」、われこそは「究極の仕上げバージョン」とでもいわんばかりの意気込みで登場するが、その理想が実現されることは皆無、もしくはめったにない。ここでもまたゲーテの一節がものをいう。

彼らはしだいに所を移し、姿を変える
理性は愚考に変じ、恵みは災いと化す

たとえばフランスのような、憲法がそう頻繁には変わらない国でも、憲法の文言は一字一句変えないまま、実際の中身はたえず変わっている。制度や慣習が滅ぶと、憲法に規定されない新しい制度慣習が生まれ、これが主流となる。

たとえばこんな逆説的な現象を私たちは知っている。イギリス、スカンディナヴィア、ベネルクス諸国といったヨーロッパの古い君主国は、王室典範を静かにゆっくり

壊すことによって、いつのまにか民主共和国に姿を変え、これがじつにうまい具合に機能している。ところがアメリカ合衆国、フランス、ソ連といった本来の民主共和国のほうは、大統領や党書記長にどんどん権力が集中して、いまやどう見ても君主国の特徴を備えているとしか思えないのである。

さらにいえば、はじめから国家における権力構造の実態を隠蔽するためにつくられたような、いかがわしい憲法もあるが、これはもう論外である。

予想外の成功を収めた基本法

こうしたことを踏まえたうえであらためて、ドイツ連邦共和国（西ドイツ）のボン基本法（暫定憲法）に目をやると、ただもう驚嘆するばかりである。なぜなら、憲法の実際が憲法の理想を上回る（一九四九年の憲法発足当時には想像もつかなかったくらい大幅に上回る）という、きわめて類まれな一例、おそらく唯一無二であろう一例に、私たちは遭遇しているからである。

基本法が誕生したときに掲げられた理想、それはきわめて慎ましやかなもので、それはもう憲法なんぞが存在することすら恥ずかしいとでもいわんばかりの謙虚さであった。起草者たちは意図的にこれを憲法と呼ぶことを避けた。一時は「組織規約」などという素っ気ないタイトルまで候補に上ったほどである。

結局、妥協の産物として基本法という呼び名が生まれたわけだが、その意味するところは、われわれドイツ人は、実際の憲法をつくるような野心はもっておりませんという意思表示だった。まして「最終決定版」とか「究極の仕上げバージョン」などというのは論外で、基本法はあくまで、過渡期における当座しのぎでしかなかった。それどころか基本法の生みの親の一人で、後の初代連邦大統領テオドーア・ホイスなどは、基本法は十年したら自動的に失効すべきであると提案したほどだった。

しかしそれ以後、基本法を廃止せよと唱えたものは一人もいない。この安定度は注目すべきである。現代のおそろしく早い時の流れの中で、基本法がこれほど長持ちしているというのはほとんど例外といっていい。

ヒトラー帝国が十二年しかもたなかったこと、ワイマール共和国も十四年しか続かなかったことは誰でも知っている。またドイツ民主共和国（東ドイツ）が、一九四九年に制定した彼らの憲法を、十九年後の一九六八年に大幅に変えたこともよく知られている。だがかつてのドイツのいかなる憲法も、生存能力すなわち長持ち度において、現行の基本法にかなわなかったということ、このことは意外に知られていない。

ビスマルク憲法でも二十五年たったときには、帝国議会の多数派の中から、これに代えて新しい責任内閣制の憲法を制定しようという議論が起こった。結局ビスマルク憲法が廃止されるまでにはさらに二十三年の年月を要したが、帝国宰相ビスマルクが一八九〇年に政治の舞台を去ったとき、すでに彼の憲法は壊れていたのである。

ではビスマルク以前はどうだったか。一八五一年に復活したドイツ連邦は、わずか十五年しか存続しなかった。そして一八一五年に生まれた元来のドイツ連邦は、三十三年のあいだ、絶えざる批判と拒絶にいたぶられた末、一八四八年の革命の嵐に吹き飛ばされ消えていった。ドイツ連邦はほとんどはじめから終わりまで、こんなざれ歌を浴びせられ続けた。「おお、連邦、畜生、でくのぼう」

ドイツ連邦共和国、すなわち戦後の西ドイツにこのような憲法蔑視は起こらなかった。それどころか基本法の評判は、制定以来うなぎのぼりに上り、今日一つの頂点に達した観がある。一九四九年五月に基本法が布告されたとき、起草者たちはある種の含羞をおびた控えめな態度でこれを紹介した。また受けとる側、すなわちドイツ市民の側にも、興奮や感動などはなかった。人々はこれをほとんど事件とも思わなかったのである。

当時のドイツ人は他に山ほど心配を抱えていて、憲法どころではなかった。彼らは基本法なるものを、他のすべてのものを受けとるときと同じように、ろくに中身も調べずただ漫然と受けとったのである。それに続いてアデナウアー首相の輝かしいデモクラシーの時代がやってきたとき、ドイツ国民は、新たに誕生した民主主義法治国家よりも、偉大な男アデナウアーのほうに魅せられていた。

人々が法治国家なるものに注目しだしたのはようやく、あの偉大なる男、それまで国家の顔役をつとめ、それどころか国家の存在をおおい隠すほどにまでなっていたアデナウアーが、法治国家に対してすこしばかり不遜な態度をとりはじめてからだった。つまり、一九五九年の連邦大統領選出の際に見られたぶざまないざこざや、一九六二年のシュピーゲル事件（訳注・国家機密漏洩の疑いで週刊誌『シュピーゲル』の社長、編集長らが逮捕された事件。当時の国防大臣フランツ・ヨゼフ・シュトラウスがシュピーゲル撲滅キャンペーンを指導したとされ、同大臣は辞任に追い込まれた）などに遭遇して、人々は突如として基本法の底力なるものに気づいたのである。

それは基本法の名声が光り輝きはじめたころのこと、六〇年代終わりの不穏な時代、議院外で反対派が騒ぎ、学生が暴れまわり、過激右翼が社会を脅かす時代だった。

これはきわめて奇妙なことであったが、人々はそれをさして不思議とも思わなかった。まさに不安な時代が憲法の力を強くしたのだった。みな突如として憲法にすがり、憲法を必要としだした。公共の施設を踏み荒らして、市民生活を脅かしている暴徒などが、基本法を楯に法と秩序の擁護者を気どってみせたり、極右政党のドイツ国家民主党（NPD）でさえもが、自分たちは基本法の土台の上に立っているのだなどと主張して憚らないのであった。

一九七二年、基本法は最初の大きな試練を乗り越えた。すなわち連邦議会で議論が行きづまり政治的危機が生じたが、基本法のおかげで国家的危機に発展するのを阻んだのである。

今日われわれドイツ人の基本法に対する信奉の度合いはたいへんなもので、すべての政党、左翼も右翼も、あるいは国会外の小政党も、すべてみな基本法というものをまるで勲章のように後生大事にしている。どの政党も、憲法の精神を遵守することにかけてはいかなる政党もわが党には及ばないと豪語するほどである。

ただときおりこうした傾向がエスカレートして、グロテスクな様相を呈することもある。しかし全体としてみればこれは喜ばしい傾向であり、いずれにしてもワイマール時代の状況に比べればはるかに喜ばしいといえる。

何しろあの時代は、右翼も左翼もまるで競い合うようにしてワイマール体制を軽蔑して敵対視したもので、しまいには穏健な中道派までもが憲法をまじめに擁護しなくなり、ハインリヒ・マンを引用して「理性の独裁」を要求したり、ブリューニングを担いで大統領の大権の中に逃げ込んだり、それどころか君主制の復活を待望するありさまであった。

いずれにしても今日、国会の内外でひんぱんに起こる政治紛争に対して、基本法がこれにしっかりと枠組みをはめ、誰もがこの枠組みを遵守して、これを揺るがそうなどとしないことはまことにけっこうなことであり、これは基本法が重んじられている証拠でもある。結局、憲法というものはそういうことのためにあるのである。

何年か前にジャーナリストのゲルト・カーロウが、「いまだ統一されていないドイツは祖国とは言えない。基本法こそがわれわれの祖国である」と述べたことがあった。ここまではっきり言いきってしまうことは、そう誰にでもできることではない。

しかしそもそもこんなことが言えるようになったこと自体、ドイツの歴史ではこれまでなかったことである。ワイマール憲法やビスマルク憲法、あるいはそれ以前のドイツ連邦の憲法だったら、誰もこんなこと（憲法こそが祖国だなどということ）は言わなかっただろう。ところが憲法であることを望まなかった基本法がいまや、ドイツ人がかつて手にした中で、現実に機能する最初の憲法となったのである。

基本法の廃止を願うものはほとんどいない。誰もがご本尊と仰ぎ、誰にも妨げられず支障なく機能し、政治危機の時代にあって侵しがたい国家の基盤であることを証明してみせた。

しかもその誕生は革命によってではなく、敗北によってもたらされたものであり、憲法制定の国民議会などは開かれず、わずか六十五人ばかりの各州議会議員の寄せ集めである議員評議会が起草して決定したものにすぎなかった。正式に国民の批准を受けることもなく、その発効は好むと好まざるとにかかわりなく、自動的にドイツの分断を意味するものであった。

こうしたことにもかかわらず、基本法がこれまでのどの憲法よりも憲法としての働きをするようになったことは、もともと誰も期待していなかった驚くべき歴史的出来事であり、ほとんどドイツの奇跡であるといえる。

基本法記念日を国民の祝日として毎年祝うべきである。これまでほとんど顧みられなかった基本法発布の日が、今になって祝日になるというのは、たしかに奇妙なことである。しかし長く続いたものはよいものなのである。東ドイツの挫折した抵抗運動を祝日にするよりは、西ドイツの中でわれわれを一つに結びつけているこの基本法を祝うほうがいいだろう。

それはこの基本法の成功が真の憲法制定につながるのを待ち望むことでもある。まさにその意味でわれわれは、基本法の成功を祝うのである。しかし祝うことよりも大事なのは、なぜ基本法が成功したのか、その理由を理解することである。まだまだ知らないことがたくさんある。

運にもタイミングにも恵まれていた基本法

これまで私たちが確認したのは、ボン基本法が成功したということ、そして基本法の実際はそれが元来掲げていたささやかな理想をはるかに上回っているということ、この二つだけである。

ではなぜ基本法は成功したのだろう。基本法に何か特別優れた特徴があるのだろうか。たとえば、世界でもっとも自由な憲法であると賛美され、当時のドイツ人は扱うすべを知らなかったあのワイマール憲法よりも、基本法のほうがはるかに優れているのだろうか。

それともドイツ人自体が変わったのだろうか。昔から、君主に仕える根っからの家来、デモクラシーなどには縁もゆかりもないといわれてきたドイツ人が、(あえてこんな言い方をすれば)一夜にして民主主義者になってしまったのであろうか。そして今のドイツ人ならば、ワイマール時代のドイツ人と違って、たとえワイマール憲法でもうまくものにできたのであろうか。

それとも基本法がワイマール憲法よりうまくいったのは、時代の状況が違っていたためなのか。たとえば基本法の場合は、制定してすぐに経済の奇跡があり環境としてめぐまれていたとか、今日のドイツはワイマール時代のドイツと異なり、NATO(北大西洋条約機構)や欧州共同体によって他の民主主義国としっかり結びついているから孤立の心配がないということなのか。それとも基本法とワイマール憲法とは成立の事情がまったく異なっているから、それが決定的な違いを生み出しているのか。

それとももしかすると(これは考えるだにショッキングなことであるが)、基本法がうまくいっているのはただ、今のドイツが昔のような統一された大国ではなく、分断されて中堅クラスに縮こまってしまったからなのか。

私がまずここで言っておきたいことは、いま述べた状況がすべてより合わさって、基本法の成功をもたらしたということ、したがって基本法成功の原因を分析しようとするなら、それらの状況を個別に観察してはならないということである。

なぜなら、サクセスストーリーというのはどれもみな、（ここでもあえてゲーテの言葉を使わせてもらうが）「功績と幸運とが鎖のように分かちがたく結びついたもの」だからである。基本法の起草者たちの功績はたしかにたいしたものであり、何人もこれを否定することはできない。

実際に基本法は多くの点でワイマール憲法よりよい憲法であると私も思う。しかし基本法は幸運でもあった。生まれるときの前提条件においても、生まれてからのまわりの環境においても、基本法は恵まれていた。そしてこの二つの要素が基本法の実際を助けたことはたしかである。基本法の実際とは、基本法がつくりだす現実だけでなく、基本法をとり巻いて染めてゆく現実のことをいう。

同じ憲法でも、大きな権力国家の基盤を支える場合と、ささやかな中堅国家に仕える場合とでは働きが違ってくる。貧しい国と富める国、敵に囲まれて孤立した国としっかりした同盟機構に組み込まれた国とでは、同じ憲法でも機能のしかたが違う。さらに憲法をとり巻く社会の仕組みや、憲法が遭遇する心理的条件なども、憲法の実際を変える要因である。

いくら一流の仕立て屋が最高の生地で最高の背広をつくっても、着る者の身の丈にあわなければ何の役にも立たない。憲法もこれと同じで、まず国家の身の丈にあったものでなければならない。これは憲法がうまく機能するためには何よりも必要な第一条件である。

そしてもちろん背広同様、使い勝手がよく、丈夫で、伸縮性に富んだものでなければならない。基本法は、国内政治の緊張と危機が増大しつつある現代において、こうした条件をすべて満たしているといえる。

しかしもっと重要なことは、基本法が国家の置かれた状況や国家の果たすべき課題にあわせて仕立てられたこと、それも部分的には直接起草にあたった者たちの意思に反して定められたことである。起草者たちはただためらいながら、なかばいやいやながら、占領軍のゆるやかな強制のもとで、あらかじめ与えられた枠組み（すなわちデモクラシー、連邦主義、基本的人権という枠組み）に従って、部分国家西ドイツの憲法を制定したのである。

これは彼らが本来望んだことではなかった。ただ状況の許すがまま、成り行きの命ずるがままに従わざるをえなかったのである。しかしまさにこのことが幸運をもたらしたのかもしれない。自由意思によるのでなく、節度に従って定めたことがよかったのである。

私は先にこう述べた。「基本法は、生まれるときの前提条件においても、生まれてからのまわりの環境においても幸運であった」と。これに対して「なぜそんなことが言えるのだ」と疑問を投げ返す人々の声が聞こえる。「国は戦いに敗れ、破壊され、廃墟と化し、外国の支配者たちによって四つに分割され、モラルも肉体の健康も荒廃し、市民は飢えて凍え、家を失った何百万もの難民が徘徊し、一人ひとりが今日を生き延びることだけで精一杯だった。打ちのめされた国民に、政治に参加する余裕などどこにもなかった……これがはたして民主憲法が生まれる幸運な前提条件などと言えるのか」と。

たしかにそのとおり、一九四八年から四九年のドイツ人が幸福だったなどと言う者は一人もいないだろう。あのときのドイツはもうこれ以上ないほど不幸であった。しかしまさに不幸のどん底こそ、新たな出発にはこの上ない幸運な前提条件だと言えるのではないか。

楽天家のワイマール憲法、人間不信の基本法

ここでワイマール憲法の成立と、ボン基本法のそれを比較してみることにしよう。いずれの場合もドイツのデモクラシーは、敗戦によって生まれた子供だとしばしば言われてきた。たしかに上っ面だけ見ればそのとおりである。しかし敗戦の子供などという短絡的な表現の背後に隠された歴史的、心理的事情をつぶさに観察すれば、ワイ

マール憲法と基本法の成立事情には天と地ほどの隔たりがあることはあきらかである。

一九一八年から一九年のときは、敗戦、革命、講和条約、憲法制定がほとんど同時期に起こった。そのためこれらの出来事は人々の意識にほぼ同時に刻み込まれた。滅び去った君主制は美化され、それは人々の記憶の中で権力と支配の象徴になった。

これに対して新たに誕生した共和国には、屈服と屈辱のイメージがつきまとって離れなかった。ワイマール共和国はただ、ドイツ帝国がやらかしたことの尻拭いをしているだけなのだといくら言い聞かせても、人々は聞く耳をもたなかった。たとえ頭ではわかっても、気持ちはわかろうとしなかったのである。

一九四五年のナチス・ドイツの敗戦から、一九四九年の民主主義ドイツの新たな出発までのあいだには優に三年という時間が流れていた。このときは匕首伝説が出回る余地などはなかった。ヒトラー・ドイツは最後の最後まで戦い、徹底的に叩きのめされていた。そしてドイツ国民一人ひとりが、この三年間に骨身にしみて味わった戦争の結果は、言語に絶する恐ろしいものであった。廃墟と焦土、飢餓と悲惨の責任がどこにあるのか、そんなことは問われるまでもなくあきらかだった。

そして一九四八年から四九年に民主主義ドイツが新たにはじまったとき、ナチス時代を振り返って美化するようなことは徹底的に防止された。このときのドイツは、三十年前のワイマール時代のはじまりのように、深い落ち込みの中に沈んではいなかった。

それとはまったく逆だった。すでに三年間寄る辺もなくどん底に倒れ伏した後、人々はふたたびそこから這いあがろうとしていたのである。新しい通貨、新しい憲法、新しい国家、これこそは上にあがるための最初の一歩であった。誰もがそれを感じていた。ワイマール憲法が生まれたとき、人々のまわりには絶望的な気分がたちこめていた。基本法のまわりには新たな希望が輝いていた。これこそは両者の成否を分けた大きな違いの一つだった。

もちろん、この違いだけで（つまりめぐり合わせの幸運だけで）すべてを説明することはできない。ゲーテが言うように、功績と幸運は、鎖のように分かちがたく結びついたものだからである。

そこで基本法の優れた中身について（つまり功績について）、すこしばかり述べてみることにしよう。何しろこれなくしては近年の政治的危機も見事に乗り越えることはできなかったろうし、たとえ生まれたときの環境がよくても、中身が優れていなければ、ワイマール憲法と同じ運命に見舞われた場合、やはりなすすべを知らなかったであろう。

ここでも二つの憲法を比較してみると、基本法の決定的な長所がどこにあるのかがわかる。両者を比較するわけは、いまだに基本法のつくりや特徴についてよくわかっていない人が多いからである。

基本法とワイマール憲法のどこが違うのかと問われて、たいていの人はただ肩をすくめて途方にくれるだけである。彼らにとってデモクラシーはデモクラシーであり、違いなど気づかないのである。しかし両者にはそれこそ天と地ほどの違いがあるのだ。

もっとも単純で決定的な違いはこうだ。つまりワイマール憲法を構築した人たちは楽天家であり、これに対して、基本法の生みの親たちは悲観主義者だったことである。ワイマール時代、人々はビスマルクの言葉を引いてよくこう言ったものだ。「ドイツを馬に乗せてやりさえすれば、どんどん走ってゆけるだろう」と。これに対し基本法の起草者たちは、それがどのような結果を生むことになったか、骨身にしみて知らされたばかりであった。

ワイマール憲法は、国民発案、国民表決を基本とし、大統領を国民投票で選び、国会も容易に解散することができた。つまり有権者の理性と責任に対してかぎりない信頼を置いたものだった。

これに対して基本法の精神は、人間不信に貫かれていた。というのも、基本法の起草者たちはみないわば「大やけどした子供たち」だったからで、彼らは有権者の気分がいかに移ろいやすく、惑わされやすいものであるか、デモクラシーというものが制約のないデモクラシーによっていかにたやすく破滅の道を突き進んでしまうものか、わが身を通してよくわかっていた。だからそのような体験はもう二度とくりかえしたくなかったのである。

ワイマール憲法というのは、国民が惑わされることのない民主主義者で、分別ある模範的な市民であることを前提につくられていた。基本法は、たとえ惑わされやすく過ちの多い、不完全な人間のもとでも、ちゃんと機能する民主憲法であらんとし、デモクラシーの行き過ぎからデモクラシーを破壊することのないようにと考えてつくられたものだった。もちろんその際、危険や矛盾は生じた。しかしそれでも基本法の意図するところのほうが、現実にかなったものであった。

第二の違いはこうである。つまりワイマール憲法は、ビスマルク憲法を拠り所とし、ある程度の連続性を守ろうとしたことである。そのためワイマール共和国のしくみは、ビスマルク帝国のそれとなんら変わらず、それどころかビスマルク憲法の最大の欠点である、ドイツ帝国とプロイセンの二元主義までもが手付かずのまま残されたのだった。

国家の諸機関も本来なら選挙によって民主的な形態に様変わりしなければならないはずなのに、それらはみな旧態依然のままだった。たとえば、皇帝のかわりに大統領が置かれたが、この大統領はいわば、国民投票によって選ばれたカイゼルのようなものだった。いつでも首相を任免でき、通常でも国会を解散することができた。そして非常時の場合は独裁的全権をふるうことさえできたのである。このようなワイマール共和国にあって、かつての帝政時代の政治家たちが、昔の味を思い出したのも当然であったといえる。

これに対して基本法は、連続性というものを意図的に、徹底的に、また極端に排除した。基本法の起草者たちは旧来のドイツの伝統や憲法をいっさい引き継がず、当然ワイマール憲法も継承しなかった。それとは逆に彼らは、何か決意を固めてそれを新憲法（すなわち基本法）に反映させようとする場合は決まって「過去に受けた損失を通して賢くなろう」という方針をとった。彼らが昔のドイツの憲法、とりわけワイマール憲法に目を通すのは、ただただそれらとは正反対の憲法をつくるためであるかのような印象すら受けた。

ただ忘れてならないことは、彼らがみなワイマール共和国の滅亡を身をもって体験していたということ。ワイマール共和国の滅亡は彼らにとっては、心に深く刻まれた政治的破局であり、忘れることのできない悪夢であった。そうしたことは二度とくりかえすまいというのが、彼らの固い決意だったのである。ワイマール憲法の起草者たちのように、世界で一番自由な憲法をつくってやろうなどという野心や競争心など、彼らにはまったくなかった。

彼らがつくろうとしたのは、ワイマール共和国のようにたやすくひっくり返ってしまわないような、しっかりした民主共和国、いわば民主主義の要塞を築こうとしたのである。たとえその要塞が少々狭苦しくても、民主主義の自由がいくらか制限されても、制度のうえでいくらか束縛が加えられても、国家を安定させるためならばそうした不自由を忍ぼうと彼らは決意した。これまでの成功は、彼らの決意が正しかったことを証明している。

有権者の権利を制限する

ワイマール共和国の挫折から、基本法が得た教訓はたくさんある。その中で最も重要なものを三つに絞って説明してみよう。基本法がワイマール憲法の失敗から心がけたのは、政権の安定、大統領権限の縮小、そしてこれが最も問題な点であるが、有権者の権利制限である。

ワイマール共和国は十四年の存続期間のうちで、十三人の首相を使い潰《つぶ》した。政権の短命さは、共和国の根底を揺るがす弱点だった（ちなみにフランスの第三、第四共和国、イタリアの現政権も同じ悩みを抱えている）。政権が短命で不安定なために、政府は大規模な政策を展開するための時間的ゆとりがなく、それが権威の失墜を招き、大統領に全権をあずけ、とうとう独裁制に道を開くことになったのである。有権者大衆は政権に拠り所を求めたがそれを見出すことができず、別のところ、さしあたって大統領に頼ったものの、それもかなわずついには「強い男」にすがりついた。大衆の信頼を獲得したこの男は、憲法もデモクラシーも無視して独裁政治をはじめたのである。これに懲りた戦後西ドイツのボン基本法は、一度選出された首相を失脚させるのを難しくした。大統領には首相任免の権限を与えず、もっぱら連邦議会だけが首相を罷免し、別の首相を選ぶことができた。

かの有名な「建設的不信任制度」、これは野党党首バルツェルがブラント政権を倒すためにはじめて試みて失敗したものだが、首相の失脚を困難にするために基本法に組み込まれたしくみはこれだけではない。このほかにも、連邦議会の早期解散を阻む重要なしくみが、基本法にはいくつもある。連邦議会選挙をおこなうことは、新しい首相を選ぶことを意味する。だが基本法のもとでは、そうかんたんに選挙をすることはできないのである。有権者の気分が変わるたびに、ただちに議会を解散して、新しい政権を立ち上げることなど基本法はゆるさないからである。その意味でブラントが辞任したとき、すぐに選挙を叫んだ野党の政治家たちは、憲法を正しく理解していなかったことになる。たえず新たな選挙を繰り返しては、とうとう笑いものになってしまったワイマール共和国議会の愚を踏襲すまいと、心に決めたのが戦後西ドイツの基本法だった。いまのところその路線は成功をおさめている。これまで七度の連邦議会のうちで、早期解散はただ一度きりであった。これに対してワイマール時代に開かれた八度の議会（ヒトラーが召集した最初の議会を数えると計九回になる）のうち、任期満了を迎えた議会はただの一度もなかったのである。

政権の安定化は（解散総選挙をやりにくくするしくみと連動して）、はじめから国民の受けがよかった。これに対して、大統領の政治権限縮小化には国民のあいだに抵抗があった。むろんこれもまた、ワイマール時代の経験が基盤となっている。ワイマール時代の最後の三年間に、大統領政府によって憲法を〝合法的〟に空洞化し、事実上骨抜きにしたのはヒトラーではなく、ヒンデンブルク大統領であった。だから将来このようなことがないようにと予防措置をもうけることについては、広く国民の理解を得ることができた。しかし基本法のもとで、大統領が極端なかたちでたんなる代理人、お国のお飾りへと格下げされてしまったことに、多くの人びとは当初反発を覚えた。批判は二つの方向から寄せられた。ひとつはドイツ国民のあいだに古くから根付いていた、君主制への本能的懐かしさである（しかしこれは六〇年代に入って世代が交代することで消滅していった）。もうひとつは、アデナウアーの家父長的政治スタイルに対して、品格をそなえた人物を立ててバランスをとろうという声であった。

アデナウアー自身すすんで国家元首（つまり大統領）に選出されたいという思いがあり、それによって大幅に縮小された大統領の政治権限を拡張できると信じていた。リュプケ（西独大統領一九五九〜六九）やシェール（西独大統領一九七四〜七九）も同じような思いを口にし、基本法を改正して大統領を国民投票で選出しようという案まで再三取り沙汰された。しかしそうした声も次第に鳴りやみ、奇妙なことに現実において、つまり憲法の実際においては、ただでさえ切り縮められた大統領の政治権限はさらに縮小されてしまったのである。たとえば基本法の文言通りならば、リュプケもハイネマン（西独大統領一九六九〜七四）も、エアハルトやブラントが辞任するときに、政権党内の最強派閥が後継指名する候補者とは別の人物を首相候補として提案することができたはずだった。しかしリュプケにもハイネマンにも、その気はなかった。今日では、首相の選出権のみならず、提案権すら大統領ではなく議会多数派に握られている。もしも議会多数派が擁立した首相候補者を、大統領が拒絶しようものなら、そのときは憲法違反と騒がれ大変な物議をかもすことになるだろう。〝ただの代理人〟としての大統領に、人びとは当初予想された以上に慣れっこになってしまったのである。多少ざわつくことがあるとすれば、それはせいぜい大統領を指名する際に、連立与党内の舞台裏で人事をめぐってごたごたが起こるときくらいのものである。

こうしたことよりはるかにはげしい批判がわき起こり、何度も燃え上がっては蒸し返されているのが、基本法による有権者の権利制限（政治的意志表明の機会削減）の問題である。これはワイマール憲法の悲劇から基本法が学び得た第三の教訓である。実際にこの問題に関しては、だれもが納得するきちんとした解決がないのである。ここには出発点におけるつらい真実が影を落としている。たしかにワイマール共和国の民主主義をつぶしたのは、政権が不安定だったこと、議会の解散選挙が過剰なまでにひんぱんに繰り返されたこと、大統領の権力が強すぎたこと、しかもその過剰な権力を乱用したことによるものだった。しかし結局のところ、ワイマール共和国にとどめの一撃を加えたのが、ドイツの有権者たちだったことはなんぴとも否定できないのである。たしかにヒトラー率いるナチスは、自由選挙で絶対的過半数を獲得することはできなかった。だがそれでも彼らはワイマール共和国最後の年に国民の圧倒的な支持を得て、第一党に躍り出たのであり、これにより一九三二年七月以後、共産党と手を結べば議会に多数を占めるいかなる合憲政権をも阻止することができたのである。このことを見過ごしてはならない。いずれにせよ、遅くとも一九三二年には有権者の大半は、民主共和国の打倒に手を貸したのである。

有権者こそが民主主義の主権者である。有権者の多数が決めるのだ。これこそは、ありとある民主憲法の要諦である。だがもしも有権者の多数が、民主主義に反する決定をしたとき、そのとき民主主義はどうするのだろうか？　民主主義の名のもとに有権者多数の決定に従うことが民主主義の義務だとするなら、それは民主主義の自殺である。だが反対に民主主義の名のもとに有権者多数の決定を無視するなら、これもまた自殺行為ではないだろうか？　有権者の言いなりになることが、民主的自由の本質なのだろうか？　それとも、自由の敵に自由を与えてはならないと断言できるのだろうか？　しかしそうなると、マッカーシズムの魔女狩りの嵐が吹き荒れるアメリカで、トーマス・マンが古めかしい言い回しで定義づけしたような危険をおかすことになりはすまいか、「自由守らば自由は死なん」と？

これは解決のつかないジレンマだ。どんな解答にも満足がいかない。しかしはっきり言えることは、ワイマール憲法とボン基本法は、まったく正反対の答えを出しているということだ。ワイマール憲法は、たとえ自己放棄しても、有権者の意志に無条件に従うことを旨としていた。ボン基本法はそうではない。基本法——これは一九四九年に制定された元来の基本法であって、後になってから挿入された緊急憲法ではない——は、「自由の敵に自由は認めない」という原則を一義的に宣言している。第十八条と第二十一条はこの意味で鉄のように硬いのである。第十八条は、基本的権利を乱用して自由民主主義の基本秩序を侵害する者は、これ（基本的権利）を失うと規定している。これは個人の自由・権利（学問教育の自由、手紙、郵便、電話の秘密、所有権、庇護権）および団体・組織の自由・権利（出版、集会、結社の自由）に適用される。第二十一条は、違憲政党の禁止を許可している。むろん連邦憲法裁判所は、いかなる場合も行政機関による権力の無責任かつ恣意的な乱用の予防につとめなければならない。

とはいえ憲法の実際においては、基本法制定者たちが望んだほど、この二条項は適用されたわけではない。第十八条はこれまで一度も適用されていない。第二十一条は、一九五〇年代に二度、政党禁止令として適用された、一度は社会主義帝国党に対して、二度目はさらに議論を呼んだ共産党（ＫＰＤ）に対してである。しかし今では右翼のＮＰＤ（ドイツ国家民主党）や左翼のＤＫＰ（ドイツ共産党）が復活し、新生毛沢東主義共産党（ＫＰＤ）と並んで容認されている。もはや第十八条と第二十一条は使用しないことが慣習となっている。しかしこの慣習が憲法改正の慣習法になることはない。刃は鞘に納まってはいるが、いつでも抜けるのである。

いずれにしても、憲法の実際は、その文言が元来めざしていたものよりも穏やかで、性善説に立脚するものである。このことははっきりと指摘しておかなければならない。というのも、まるで逆の主張がしばしばなされているからである。たとえば、かぎりなく自由で寛容な基本法が、年が経つにつれしだいに権威主義的なものへと歪曲され、新しい解釈がなされて変容するという伝説がまかり通っているのである。そんなことは決してない。また第十八条と第二十一条が元々はもっぱら右翼だけ、すなわちネオナチズムだけを標的にしたものだったのに、時とともに当初の意に反して、もっぱら左翼、すなわち共産主義勢力の撲滅をねらって適用されるようになったといわれているが、これもまた正しくない。両条項ともはじめから、文面だけでなく意図するところにおいても、右翼・左翼同じように標的を定めたものだった。結局のところすくなくとも一九四九年の時点で、共産主義の脅威はヒトラー時代の恐怖の記憶と同じくらいに生々しかったのである。今日ネオナチズムよりもコミュニズムの恐怖のほうが声高に叫ばれるのは、最近の西ドイツの政治舞台において、ネオナチよりも共産主義者のほうが社会を騒がせているからだけのことだ。むろんこれも、時代につれて変わっていくのだろう。そしてネオナチも共産党も、さして大きな影響力を持たなくなっている。今日両派とも社会に容認されているいちばんの理由も、おそらくそのあたりにある。基本法が元来意図したのは取り越し苦労だったことになる。

このような容認が政治的に可能になったこと、つまり左右両極の政治イデオロギーを世の人びとがある程度まで寛容できるようになったこと、これもまた基本法のたまものといえる。民主主義は有権者の自由意志に従わなければならないのかどうか、あるいは従っても差し支えないのかどうか、というさしあたっては、幸いにも机上の空論のような問いに対して、基本法はワイマール憲法とは真逆の答えを出してきた。基本法は何よりも自家製法の知恵を行動の指針としている。だからおのれの自由意志や権利を野放図に広げてはならないのだ。基本法の制定者たちの魂には、いわば〝火傷した子供たち〟の不信感がしみついている。この傷の痛みは、ワイマール憲法の起草者たちにはまったくわからない痛みである。この痛みこそは、ドイツの有権者たちに知恵をさずけ、国民としての責任感と民主主義の毅然たる態度を植え付けているのである。

国家は政党である

ワイマール憲法というのは、有権者に向かって、思いつくだけのことを思いついて、それをいつでも都合よく政治活動にぶちまけてかまわないと促しているように読める。基本法からそのような考えは読みとれない。基本法は有権者に与える権利を制約している。そうすることで揺れ動く有権者の意志が、あまりにも性急かつ安易に国政に反映されるのを妨げる、いくつもの安全装置を設けているのである。基本法は有権者に軽はずみな行動をゆるさない。有権者に熟考を促すのだ。基本法が描く国家構造全体の根底にはこのような考えが貫かれている。それゆえに、基本法は有権者の権利を制限している、基本法は根本的に非民主的だとしばしば批判されてきた。

どうだろうか、それは非民主的なことではないのだ。「すべての国家権力は国民に由来する」という一文は憲法が掲げる要請であるだけでなく、憲法の実際でもある。連邦共和国(西ドイツ)においては、いかなる公共機関、いかなる国家機関、いかなる法律、いかなる政令も、最終審問において有権者の意志、有権者の決定にもとづかないようなものはひとつもない。けれども有権者の意志、有権者の決定は、さまざまな媒介を通して誘導され、フィルターにかけられるために、最終的に生みだされたものがはたして自分たちが望み決定したものと同じものなのか、見きわめがつかないことがままあるのである。そのために基本法はしばしばこっぴどく批判されてきた。しかしこれこそが民主主義を根付かせ、安定させるための知恵なのである。こうした知恵の背後には、ワイマール時代の経験から培われた次のような信念が隠されている。すなわち「ドイツ人にとってはデモクラシーよりも国家が安定していることのほうが大事なのである。デモクラシーが国家の安定をもたらすかぎりにおいてのみ、ドイツ人はデモクラシーを守ることだろう」ということだ。

これは第一に、どんな形であれ、直接的な国民投票による民主主義を断念することを意味する。国民の欲望に歯止めをかけ、国民の直接決定を排し、大統領を国民投票で選出することをやめるのである。何もかも意図的にワイマールの逆を行ったのだ。地方（諸州）の再編成といった例外を除けば、国民の意志はどのような場合でも、まず選挙で選ばれた議会という粗いフィルターを通して伝えられる。連邦議会（国会）、州議会（地方議会）、市町村議会がその役割をはたすのである。西ドイツの政治システムは、しばしば議会制民主主義と呼ばれる。しかし有権者ではなく、下院が絶大な権力を握るイギリスのような厳密な意味での議会制民主主義には、わが国はまだなってはいない。そのため議会という目の粗いフィルターの背後に、基本法はさらに多くのきめ細かなフィルターを設置したのである。

まず数多くの議会を設けた。連邦制である。つまり国会（連邦議会）と政府（連邦政府）が、共和国のすべてを支配しているとはとうていえない状態である。多くの重要な行政領域、管理分野のかなりの部分——たとえば文化政策、学校制度、法制度、警察——などは地方（諸州）の管轄であり、国はこれに口をはさむことは、ほとんどもしくはまったくできない。さらに地方は、各州の代表からなる連邦参議院を通して国の行政にも介入する。連邦議会（国会）とこの連邦参議院の双方が、それぞれ異なる政党の多数派を擁している場合（たとえば連邦議会の多数政党が中道右派、連邦参議院の多数政党が中道左派の場合）、事はたいへん厄介になる。

次に行政は、憲法規定に縛られている。そしてこれを監視するのが、連邦憲法裁判所である。これはたいへん権限の強い機関で、かつてのドイツの憲法にはなかったしくみである。西ドイツの歴代政権は、この連邦憲法裁判所を国会の野党よりも恐れてきたのであるが、それにはしかるべき理由がある。連邦憲法裁判所には基本法により、基本的権利というかたちできわめて有効な権限が与えられている。この基本的権利というのは、これまたワイマール時代と違って、将来の行政プログラムの基盤をなしているのみならず、法としても直接有効であり、それは憲法改正多数派の力によってのみ変更もしくは制限できるもので、一部にはいっさい変更、制限できない条項もある。これによって行政機関の権限は、時と場合により、いちじるしく制限されるのである。

そしておしまいに（これは基本法においてではなく、憲法の実際においてであるが）、西ドイツの選挙法には五パーセント条項というのがあり、得票率が五パーセント未満の党に議席を与えない規定が設けられている。これは政党の四分五裂を抑えるだけでなく、新しい政党が雨後の筍の如く乱立するのをいちじるしく困難にする規定である。

ようするにこれは基本法が意図的に、日常の政治活動に組み込んだしくみであり、これによって一九三〇年代のワイマール共和国に湧き起こったような、反デモクラシーを掲げる大波が、国家権力の中枢にまで押し寄せてくるのを困難にするための予防措置なのである。いってみれば、きわめて複雑煩瑣な障害物を立てて、憲法を敵視する革命的、民族運動の活動を阻止するだけでなく、たとえ合憲であっても、改革や変革を求める運動を難しくしているのである。基本法が設けた、きわめて複雑にからみ合い入り組んだ国家機構、立法機関を見ていると、こんな仕組みの中で建設的な政治が展開できるのだろうか、進歩、刷新、変革を求める営みは、こんな複雑な機構が立ちならぶ迷路の中で野垂れ死にしてしまうのではないかという疑問におそわれる。しかしこんなところでも——こんなところだからこそ——憲法の実際は、書かれた憲法から推測されるよりずっとうまくいっているのである。実際に基本法のもとにおける政治は、見通しがよく、活動的で、生産的である。それは国家機構の入り組んだ廊下の隅々まで、共通する同じ要素が行き渡っているためだ。いかなる錯綜纏綿《てんめん》、紆余曲折を経ようとも、最後には一つにまとめ上げる、「政党」なるもののはたらきがあるからである。

基本法というのは、政党に目配りして、それらに憲法にかなった場所を差配した、世界で最初の憲法であると私は思う。この場所は、憲法の文面の上では、実際よりもはるかにひかえめな印象を与える。第二十一条の文言によれば、「政党は国民の政治的意志形成に力をかす」とある。実際において政党は、政治的意志形成の中心的な担い手、計画立案者であると同時に、国家のあらゆる組織、機関のまとめ役でもある。その活動は、連邦議会（国会）、連邦政府（政府）、州議会（地方議会）、州政府（地方政府）、さらには連邦憲法裁判所にまでおよび、そこには右翼系・左翼系双方の部署まで備わっている。だがそれだけでなく、公的行政機関、公的在外団体などいたるところでわたしたちは政党に出くわすのである。

憲法の実際を見ると、西ドイツが政党の国であることがよくわかる。政党なくしてこの共和国は、一日たりとも機能しえない。この国が立派に機能しているのは、政党のおかげである。今では実際のところほとんど政党を通してのみ、国民の願い、考え、気分、不満、要求、抗議といったいわゆる民意は、下から上に届けられる。そして国の政策もまたもっぱら政党を介して、こんどは上から下に、法律、条令、行政措置、事情説明、激励演説、テレビでの呼びかけといった形で国民に届けられる。政党は国民と国家をつなぐ上で、欠かすことのできない大事な媒介者なのである。基本法が追求する民主主義による社会の連帯と安定がうまくいくかどうかは、政党にかかっている。

憲法の実際を理解するうえでもっとも重要なことは、政党が今述べたように、二重の役割をはたしているということ、そしてこのことが今までにない全く新しいものだということである。政党はもはやこれまでのように、政党から超越した国家のトップや官僚機関と相対峙するだけの、たんなる〝国民の代表〟ではない。国が損害を被るかどうかは他人まかせにして、ただやみくもに批判し、不平不満を一方的に並べ立てるだけでは役目は終わらないのである。政党自身が、国家の損益を配慮しなくてはならないのだ。政党がそれをしなければ、他にそれをするものはいないのである。しかしそれと同時に政党は、つねに有権者の支持を求めて闘わなければならない。有権者の多数を味方につけて、政府の委託を受けてこその政党だからである。そうすることで政党は、すくなくともさしあたって、一党独裁国家として野党なしに政治を独占するような、非民主的な特殊貴族に堕落する危険から守られているのである。

しかしこれまで西ドイツで政権を担ってきた二つ、三つの政党は、好き勝手にはびこる〝国民の代表者たち〟というよりは、断固たる態度で統治を貫く独占政党の趣が強い。勝手気ままな〝国民の代表者たち〟とは異なり、政権政党は国家を担わなければばならないのであり、連邦、諸州に首長をはじめ、大臣や官僚を出す責任がある。それと同時に政権政党は、民意を上に届けるという民主主義の委託をはたす重い責任を担っているのである。

ドイツの有権者はこうした政党の新しい役割を、本能的に理解していた。これは戦後西ドイツの成功に国民がはたした最大の貢献である。有権者が政党の役割を理解していた何よりの証拠は、たくさんあった政党の数（最初の連邦議会には九つの党があった）を徹底的に切り縮めたことに表われている。多数派形成を目指す選挙ではこのことはできない。基本法のもとで有権者は、個人の利害や価値観の好みで代表者を選ぶのでなく、国を担う政権を選ぶという認識で選挙に参加したのである。

では政党自身も自分たちの新しい役割をしっかりと理解していたかどうか、これに答えるのはそう易しくはない。けれども連邦議会のすべての政党が、旧来の階級政党や価値観の共有から結びつくイデオロギー政党から脱却して、国民政党へと変わっていこうとしていることからして、ポジティブな答えを期待していいのではないだろうか。それは基本法の原則にもかなっている。政党というものが、政党には縁遠い政権に対してはっきり民意を示すためだけに存在していた時代においては、階級ごとに、価値観ごとに政党があることに意味があったし、それもしかるべきことであった。しかし政党みずからが国政をおこなおうとするのであれば、たとえ各政党に重点の置き方に違いがあっても、すべての階級、すべての価値観をなんらかの形で束ねて、ひとつの妥協点を見つけなければならない。もっとも、政党がこのような新しい役割を担うべく充分に成熟したかどうかとなると、はなはだ疑わしい。政党間の対極化がはげしさを増し、相手の邪魔をするためだけに反対するというような傾向が強まっているからである。このような政党間の闘争に明け暮れしていると、国家が機能不全に陥るおそれがある。〝野党〟というものが、政権に反対するためだけに存在するのなら、それはもうあやまった時代錯誤でしかない。政権対野党の構図ではなく、政権と予備政権の対決・歩み寄りであるべきである。これはいわば、英国における影の内閣のようなものだ。

多数派の足を引っ張ったり、政権の言うことになんでもかでも異を唱えるのが少数派の役目ではない。少数派の使命は、いつでも政権交代する準備を整えておくことである。次の政権を担うのは、当然自分たちであるという策を立てておくことが肝要だ。いちばんよいのは、自分たちの功績でおのずと政権を獲得することなのだから。連邦制というのは、〝残念賞〟を用意することで、恰好の待ち時間を提供してくれるしくみである。たとえ中央政権では野党として長い間冷や飯を食わされていても、地方では大臣の椅子に座って、そこから中央ににらみをきかせることもできるのだ。これこそは、野党少数政党が不平不満・憎悪懈怠《かいたい》の巣窟になるのを防ぐ予防策である。

再統一は地方から

連邦制の利点はこうしたことだけではない。地方の独立性ということがよく強調されるが、これはかならずしも基本法制定者たち自身の強い思いから生まれたものではなかった。連邦制というのは、諸州（地方）創成に際して、占領国側から彼ら（基本法制定者たち）に対してプランとして提示されたものであり、基本法を作成する際に、多かれ少なかれ押しつけられたものだったのである。ただ北ドイツにおいては、依然としてプロイセンの中央集権的な管理体制、その質素倹約と効率性が人びとの記憶から抜けきっていなかったため、連邦制は他の地域ほど評判は良くなかった。

連邦制がかつての占領地域から生まれた偶然の産物であったことが、一部ドイツ人たちの心にしこりを残したことはたしかであり、基本法がはっきりと青写真を描いていた耕地整理や新区分も早急に実施をせまられ、さらに連邦制による行政機関の分散化で、教育制度や刑事警察に苛立たしい不便が生じ、厄介な事態が出来《しゅったい》していたことも事実である。しかしまさにこうした危機的状況の中から、さまざまな機構が生み出され、それが当面の西ドイツのみならずドイツ全体にとって大きな未来をもたらすことになったのである。

地方の大臣たちが、たえず協議を重ねていたのを私は思い出す。文部大臣、内務大臣、大蔵大臣らが協議を繰り返し、基本法には盛り込まれていなかったさまざまな機関が生み出された。それらはなしですますことのできないものであり、今ではドイツ憲法の実際から切り離すことのできない大事なしくみである。こうした機関がどうして必要だったのかといえば、それはこれらのおかげで、基本法が国の権限から除外し、地方に調整をゆだねてしまっているありとあらゆる分野でかなりの統一性と整合性が得られたからである。国はこうしたことに口をはさめない。そのため地方は自分たちの成果を無駄にしないためには、みずからの手で未来を切り開き、地域の独自性をベースにして、各地域に共通するしくみをケースバイケースで育てていかなければならなかったのである。こうすることで同一分野でありながら、ひそかに国とは別の、非公式の地方連合のようなきずなが生まれたのである。国が地方を束ねる、堅苦しい連邦国家ではなく、諸州がゆるやかな連合体を作り上げる地方連合である。成員に無理強いすることなく、それでありながら四分五裂を避けるゆるやかなつながりを保つのである。こうした考え方、地方のつながりが醸成してくると、やはりおのずとドイツの分断、その分断をどのようにして克服するか、その可能性に思いが及ぶだろう。

ここで私は、最後の最後にまるで悪魔の宣告でもするように、〝再統一問題〟にからむひりひりするような論争を吹っ掛けるつもりはない。連邦憲法裁判所を前面に押し出して、基本法前文（訳注・ここでいう基本法前文とは、自由な意志決定でドイツの統一と自由を完成しようという全ドイツ国民に向けた要請、いわゆる再統一要請のこと）に修辞的な意味だけでなく、そこに法的拘束力のような意味まで持たせようとするなら、ここにおいて憲法の要請と現実の間にはとてつもなく深い溝、現実においては到底克服できない矛盾対立が生まれてしまう。基本法制定者たちがおかした致命的な失敗は、彼らの掲げる憲法の要請があまりに謙虚すぎたことである。これは痛ましい逆説だ。彼らは憲法を起草しながら、正真正銘の憲法を作り上げようとしなかった。恒久的かつ確固不動の永久憲法をめざさなかったのである。ただの過渡的な規則、その日その時の間に合せの決まりごとを書き上げただけのことだった。彼らは本気で西ドイツ国家を建設しようとはしなかったのである。それは（もし西ドイツ国家を建設してしまえば）必然的に東ドイツ国家の建設を招くことになるにちがいないと考えたからだ。それゆえに前文には、これはあくまで過渡期の暫定憲法であること、基本法制定に参加できなかった人たち――端的にいえば東ドイツの人たち――とも手を携えて共に行動しようということ、自由な意志決定でドイツの統一と自由を完成することを全ドイツ国民に要請することが全身全霊をもって明記されているのである。意志表明として、意図説明として、これは絶望的なまでの正直さに満ち満ちている。しかし基本法制定者たちの意志、意図するところが何であったにせよ、彼らは望まないこと、意図しないことをやってしまったのである。彼らのやったことは、善意に満ち溢れすぎていた、あまりにも善意を徹底しすぎたのである。

基本法は起草者たちが望んでいたよりはるかにすぐれた、長持ちするものとなった。基本法の施行とともに、西ドイツ国家が誕生したのは自然の成り行きだった。西ドイツ国家の創設者たちは、自分たちが建国したのだとは思いたくなかった。しかし国民はだれひとりとして、それを廃止することなど夢にも思わなかったし、それどころかみなこれを望んだのである。当然のことながら、西ドイツ国家創設に参加できなかった東ドイツの人たちは、これを受けて別の道を進まねばならなかった。これによって良くも悪くも、それぞれ独自の異なる国が発展していったのである。基本法の前文には再統一要請が掲げられていたが、いずれにせよこれは遂げられぬまま、時が経つにつれますます実現は遠のいていった。今日存続している両ドイツ国家をひとつにつなぎ合わせるには、どちらか一方を壊すか、あるいは両方を取り崩してしまうかしなければならないだろう。これはもうだれもがわかっていることだ。もし政治情勢が勢いを得て、双方ともその気になったあかつきには——いまその気配はないが——その場合には、西ドイツと東ドイツの国家統合は、具体的にどのようなものになるのだろうか？　ちょっと想像しようにも考えが及ばない。

しかし国はだめでも、地方は希望が持てそうだ。地方の首長会議、西ドイツ諸州間の親密な連携、非公式の共同作業を見ていると、暗やみの果てにかすかな光が灯っているような思いに励まされる。ドイツ国家連合、これはずいぶん前に東ドイツが提案した二国連合案だった。これはどう転んでもうまくいかなかっただろう。双方の社会システムが違いすぎたのと、とりわけ両国の大きさの違いがありすぎた。しかしノルトライン・ヴェストファーレン州と東ドイツならば、ほぼ同じ大きさだ。その他の州はみな東ドイツよりも小さいから、大きさの点で脅威を覚えることはない。たがいに無理強いすることがないのだから、いつの日か仲間が寄り集まって、実質的な統合に向けて、具体的な作業を調整することができるのではないだろうか。州レベルで東ドイツとの連合ができたとしても、西ドイツと東ドイツの国家的独立、両国の準外交関係はこれまで通り何の差し障りもない。それはかつてプロイセンとオーストリアの独立が、フランクフルトのドイツ連邦があっても、微塵も侵されなかったのと同じである。

機が熟するまでには、国際的な枠組み条件が、今日とは大きく変わっていなければならないだろう。しかし東西ドイツの特殊な関係が、やがて〝再統一〟を感じさせるものに近づいていくとすれば、それは国レベルよりは地方レベルで進んでいくに違いない。そのときのために私たちは、基本法の前文を基本法そのものより生真面目に重要視しないほうがいいだろう。基本法の冷静な堅実さのおかげで、今の国家がある。それを守り育むことが大切だ。たとえその国がドイツ全土でないにしてもだ。

（初出・ヘッセンラジオ放送・一九七四年）

第10章　奇跡の老人アデナウアー

アデナウアーも可能なかぎり
ドイツの統一を求めていた
しかしそれはあくまでもドイツが西側近隣諸国と
しっかり結びついた上でのことだった

七十歳を過ぎて大舞台に登場

チャーチルはアデナウアーのことを、ビスマルク以後ドイツが生んだ最大の政治家と呼んだ。野党ＳＰＤ（社会民主党）党首クルト・シューマッハーは、一九四九年十一月のドイツ連邦議会で、ドイツ連邦首相コンラート・アデナウアーのことを「連合軍の首相」と呼んで野次ったが、これは憎しみに満ちた不適切な表現だった。

しかしこの言葉の中には、いささかの真実がこめられている。というのも、この言葉からこんな疑問が湧いてくるからである。すなわち、アデナウアーは本当に、ビスマルクがしたように、ドイツの政治的運命を自分で自由にデザインしたのだろうか、それともこの男がいなくても結果は同じだったのか、つまり彼はただ、戦勝国が敷いたレールをそのまま走っただけなのだろうか、という疑問である。

これについてしばらく考えてみることにしよう。そしてアデナウアーが本当に創造的な政治家であったとするならば（私はそうだと思うが）、その場合、次のような疑問が浮かんでくる。つまり彼がやったことはドイツにとって幸福だったのか、それとも不幸だったのかということ。この疑問に答えるのは、今日まだ時期尚早かもしれない。しかし、これはどうしても問わざるをえないことなのである。

前もってまずはっきりさせておきたいことがある。それはふつうの人物伝にはまず見られないきわめて奇妙な事実である。しかしこれこそが、今あげたいくつかの疑問を解く鍵になるかもしれないのだ。つまり私が言っているのは、ごく単純な、しかしきわめて奇妙な事実、すなわちアデナウアーが政治家として歴史に残る活躍をしたのは年老いてからだったということである。

政治家が要職に上りつめて年老いること、最高権力者がいつまでも権力に固執し、そのため彼の死後大きな空隙が生じることはすこしも珍しいことではない。しかし七十を過ぎてからようやく政治の表舞台に登場し、八十で頂点に達し、九十になってなお立派に責任を果たすというのは、史上ほとんど例を見ない。

アデナウアーはたいていの政治家が引退する年齢になってようやく政治をはじめた。まさに奇跡の老人であった。子供の頃、神童と呼ばれた人が、成人してただの人になる例はいくらでもある。しかしアデナウアーの人生を見ると、七十になるまで、どんなに好意的に見ても人並み外れて優れたものを見出すことはできない。それがなぜ年老いてから「神老」になったのか。

ヒトラー以前のドイツを体現する政治家

アデナウアーは小市民階級から出て大ブルジョアにのしあがった、いわゆる立身出世の人であった。彼は十六年間ケルンの市長をつとめ、有能で多くの功績を残した。一九二六年、彼はもうすこしでワイマール共和国の首相になるところだったが、結局なれずに終わってしまった。ナチス時代、彼はヒトラーに協力せず、そのことが彼の人間としての価値を高めた。

一九四五年、悲しくぶざまな人生のひとこまが彼を待っていた。戦後アメリカはふたたび彼をケルンの市長に任命したが、アメリカからケルンの管理を引き継いだイギリスが、彼をひどく傷つけるやり方で罷免してしまったのである。アデナウアーはこの仕打ちを生涯根にもち続けた。

一九四六年、七十になった彼は政治家になる決意を固めた。それと同時にこれまでたまりにたまったエネルギーがいっきに爆発した。決断力、指導力、忍耐力、目的意識、確固たる自信があふれ出て、三年のあいだにいっきに頂点に上りつめ（すなわちドイツ連邦首相の地位に就き）、十四年ものあいだトップに君臨しつづけたのである。首相在任中における彼の活動内容の是非は別にしても、すでにこのこと自体がたいへんな快挙であり、ビスマルク以後ドイツでは後にも先にも誰もこんなことをやってのける者はいなかった。

彼よりも若い者たちの多くは、すでに早くから疲れはてていた。これはすこしばかり説明を要する事実である。そもそも七十歳のアデナウアーにそんな力や才能があるとは、誰も夢にも思っていなかった。だとすれば、彼のパワーをとつぜん爆発させたものはいったい何だったのだろう。七十になった老人のいったいどこから、あのような突破力が生まれたのだろう。

その答えは、ヤーコプ・ブルクハルトの名著『世界史的考察』第五章の一節に見出すことができる。そこにはこうある。「人間の偉大さは、一個人の意志を超えた意志、すなわち国民の意志、全体の意志、時代の意志といったものを成し遂げることで定まるように思われる。時代と人間は大いなる神秘的な誤算の中で鉢合わせするものだ。いつの時代もかならず偉大な人間が出るとはかぎらないし、偉大な才能がいつもいい時代に生まれ合わせるともかぎらない」

まさにそのとおり。おそらくアデナウアーの中には、七十になってとつぜん開花するような才能がひそかに眠っていたにちがいない。しかしそれ以前は活躍の場がなく、才能にかなった状況がくるまでは飛び出せなかったのである。

後になって人々は、すでにケルン市長時代のアデナウアーの仕事ぶりの中に、後の首相としての片鱗を見出せないものかとあれこれ探そうとした。その気持ちはよくわかる。しかし市長時代の彼にその片鱗はほんのわずかしか窺えない。たとえ彼が一九二六年にワイマール共和国の首相になっていたとしても、おそらくはボロボロに擦りきれてしまっただろう。当時のベルリンでヒンデンブルク大統領のもと、外相シュトレーゼマンと並んで働くアデナウアーの姿を想像するのはきわめて困難である。

一九四五年の破局を迎えてようやく、この才能は時を得たのである。ようやくこの男の時代がやってきた。彼の寸法にあわせて仕立てられた状況が、ようやく訪れたのである。

状況に恵まれるというのは恐ろしいもので、彼が高齢であることさえもが不利であるどころか、逆に有利に働いたのである。それはまず表面的な理由から起こった。突如として、老人にもう一度チャンスがまわってきたのである。

老人が頑張らなければならなかった。なぜならドイツの政界は、砂漠と化した森のように、すっかり人材が枯渇してしまったからである。当時の四十代、五十代のいわゆるナチス世代は、ボロボロに潰され、威信を失墜していた。三十代の若手は戦没兵士の墓地に横たわるか、捕虜収容所でうずくまっていた。しかしこうした表面的な理由からだけでなく、もっと大衆心理的な理由から老人の現役復帰が望まれたのだった。

つまりヒトラーの後継者は、ヒトラーと同じ世代や若い世代では駄目で、もっと年老いた世代でなくてはならなかった。ドイツ国民は歴史をさかのぼってもう一度やり直したい、歴史のスタートラインを、ヒトラー以前にまで戻したいと考えたのである。なぜならヒトラーによる破局を迎えたいま、ドイツ国民の集団深層心理にはこうした意識が根強く横たわっていたからである。

一九四五年に戦争が終わったからといって、ただちにそこ（一九四五年）からスタートして、前に進むことなどできなかった。まず一度戻ってみなくてはならなかった。誤った道に踏み迷い込んだその場所に、破滅に突き進んだその道のはじまりに戻ってみなくてはならなかった。ドイツの過去へ、まだしっかりと両足で大地を踏みしめていたあの頃へ、立ち戻ってみなくてはならなかったのである。

だがどの時代までさかのぼればいいのか、それを言うのはなかなか難しい。すでにワイマール共和国からして、しっかりした大地などではなかったし、ヴィルヘルム二世のドイツ帝国も末期はガタガタで、ぶざまな最期を遂げていた。ようするに立ち戻るべき過去など再現しようがなかったのである。

しかしそれでもドイツ帝国の初期（ビスマルク時代）にはまだ、本能的にすがりたくなるような何かがたしかにあった。法、秩序、道徳、礼儀作法、市民社会の自由といったものである。その意味でドイツ帝国の薫陶を受けながら、それをきらめかすことなく埋れていた人、これまで出番のなかった偉大な市長の一人、アデナウアーのような人こそは、人々がすがりたくなるような何かをかなり正確に体現していたのである。彼は時の人だった。彼は自分でもそれを感じ、それをうまく利用した。

アデナウアー時代の非常に早い時期に、復古という言葉が流行った。別に過ぎ去ったドイツ国家が復活したわけでもなかったのに、この言葉は妙に人々の脳裏に焼きついた。実際のところワイマール共和国が再建されたわけでも、ビスマルク時代のドイツ帝国が甦ったわけでもなかった。事実はその反対で、次々と新しいものが生み出されていったのである。新しい州が生まれ、新しい政党ができ、新しい憲法が制定された。またアデナウアーの常軌を逸した新奇な外交政策が人々を驚かしたことはいうまでもない。

だがそれにもかかわらず、アデナウアーとともに、そしてアデナウアーによって古き良き時代が戻ってきたような感慨を誰もがもったのである。ゆったりしたブルジョアの時代、堂々たる祖父たちの時代、一九一四年以前のドイツの何かが呼び戻されたような気分を人々は抱いたのである。それは実際の過去そのものであるというより、こんな過去であってほしい、こんな過去であったにちがいないという望みのようなものだった。そしてほっとした気分が広がった。やれやれ助かった、やっと故郷にたどりついた、そんな安堵感が何よりもまず圧倒的に大きかった。

「西側陣営の言いなり」という非難

ドイツの復興を着実にそつなく、また軽やかにやり遂げていったこの偉大な老人に対して、人々はまず何よりも感謝の念を素直に表した。なぜならドイツ国民にかくしゃくとした老父の姿を印象づけた点でも、アデナウアーは時の人だったからである。

ドイツ人は昔からそうした力強い老人にしがみついて生きてきた。年老いた皇帝、老宰相ビスマルク、老将軍ヒンデンブルクを拠り所としてきたのである。一九五〇年代のほとんどのドイツ人にとって、アデナウアーはこれらにも勝るまさに史上最高の老人だった。

実際に彼は、ある意味で本当に史上最高の老人であった。というのも、封建時代の家父長、頑固な独裁者の気風を十分に備えていたにもかかわらず、アデナウアーはデモクラシーへの橋渡し役を演じたからである。いってみれば、民主的な家父長、民主的専制君主なのであった。彼はドイツ国民に、権威主義とデモクラシーが相容れないものではないことを教えたのである。つまりドイツ国民は古き権威にすがりながら、デモクラシーに慣れ親しんでいったのである。

もっとも彼はそうすることで、やがて自分自身を用済みにしてしまったのであり、最後には自分がつくった政治制度の妨害者になってしまったのだった。一九六〇年頃のドイツ国民はもうアデナウアーのデモクラシーにうんざりしていた。人々はいまやアデナウアー抜きのデモクラシーを求めていた。老人が重荷になったのである。

結局、彼は自分の政党によって失脚させられた。今日、人々はアデナウアーのことを、デモクラシーの教育者としてよりも、むしろ最後の専制君主として記憶しているのではないだろうか。実際に彼はそうだったのであり、その肩書きを無理にとり去る必要もないだろう。

アデナウアーの業績を論じる場合に問題になるのは、国内政治よりもむしろ外交政策のほうだ。彼がおこなった内政で問題になるのは、せいぜい彼が下した最初の大決断、すなわち一九四九年に大連立を組まずに、はじめから政権党と野党をはっきり対立させる方針を採ったことぐらいである。これは当時ずいぶんもめたが、やがてアデナウアーの国内政策は、ときおり不平不満は起こるものの、おおむね当然のごとく受け入れられるようになった。しかし彼の外交政策はつねに、断固たる反対者と熱狂的な支持者とを抱え続けたのである。

彼に対して二つの非難が浴びせられたが、そもそもこれはたがいに矛盾するものだった。一つは、彼が無条件に西側自由主義陣営に与し、東側共産主義陣営を敵にまわしたことで、ドイツの分裂が決定的になってしまったという非難。もう一つは、シューマッハーがアデナウアーに向かって投げつけた「連合軍の首相」という野次にこめられたもの、すなわちアデナウアーは自分の政治をおこなったのではなく、ただ西側戦勝国の意のままになっただけであり、なんのためらいもなく「他に選択の余地などなかった。誰がやったってこうなるしかなかった」と開き直っていることへの非難である。

しかし、どうだろうか。アデナウアーが引き継いだドイツ、しかも部分国家となったドイツは外国主権のもとで、分断され、占領され、基本的人権を制限されていたのである。占領軍の意に反するような政策などできるはずもなく、占領政策に適応しなければどうにもならなかったのである。

しかしそのことを認識し、耐えがたきを耐え、忍びがたきを忍びながら、まずは占領政策を受け入れたことは、誰にでもできることではなかった。アデナウアーの唯一のライバル、シューマッハーといえどもそこまではできなかったであろう。

ビスマルクとアデナウアー

まさかドイツ連邦共和国（西ドイツ）が、一九四九年の発足後わずか五、六年のうちに、戦勝国とほぼ対等の同盟国にまでのしあがり、賠償や解体の問題にけりをつけ、再軍備まで許され、いや許されるどころか強要されるまでになるとは、誰一人予想していなかったろう。

そしてこれもまた忘れてならないことだが、まさか議会制民主主義が、一九一九年のときと違って、今回は戦後ドイツで根を張り、一般市民に受け入れられ、立派に機能するようになるとはいったい誰が予想できたであろうか。こうした内政・外交両面の成功は、まさにアデナウアーがもたらした成功であり、これについてややこしい解釈は無用である。

それはひとりでにできたのではなかった。そのためにアデナウアーは目標を掲げ、その目標に向かって、きわめつきの巧妙さと、頑固さと粘り強さと、そしてなりふりかまわぬ現実主義をもって突き進み、ついにやり遂げたのである。

しかし、そのために大きな代償を払ったこともまた事実であった。なぜならアデナウアーによる西ドイツの内政・外交の成功は、ドイツの統一を犠牲に成し遂げられたものだったからである。ここで私たちは、アデナウアーの成功が今日から見て、はたしてドイツにとって幸福だったのか、それとも不幸だったのかを問わなくてはならない。

しかしその前に私たちはアデナウアーの偉大さをあらためて認識しておかなくてはならない。後世が何と評価しようとも、彼が偉大であったことはたしかなのだから。チャーチルは彼をビスマルクと比較して誉め称えた。これを聞いてアデナウアーの敵対者たちは、「馬鹿ばかしい」と一笑に付した。「ビスマルクはドイツを統一したのだ、アデナウアーはこれを分裂させたではないか」というのが彼らの言い分だった。

だが事はそう単純ではない。ビスマルクも解釈のしようによっては、すでにドイツを分裂させていたのである。つまりかつてのドイツ連邦の盟主であるオーストリアを追い出したのは、他でもないビスマルクであった。ビスマルクは、オーストリア主導の肥満してたるんだドイツ、すなわちドイツ連邦を破壊して、これに代わってプロイセン中心の小ドイツ主義による、小ぶりだがしまりのあるドイツを立ちあげたのである。

アデナウアーもこれと似たことをやってのけた。たしかにビスマルクのドイツ帝国を潰したのは彼ではなく、その面倒はヒトラーが引き受けてくれた。しかしアデナウアーは、たとえ領土は縮小してもドイツを再統一するというチャンス（誰もが認めるようにきわめてリスクの大きいチャンスであった）を放棄して、そのかわりにさらにこぢんまりした、しかしおそらく健康で、国内的にも対外的にも安定した国家、すなわち西ドイツを立ちあげたのであった。

このように本来の目的を達するためには部分をあきらめ、量よりも質をとるという、厳しい選択をあえてしたことは、ビスマルクと共通するものがある。また決定したことをやりぬく能力と神業のような巧みさ、センチメンタリズムに流されない徹底した現実主義、これもまたビスマルクを髣髴させる特質である。

こんなことを言うと今度は、アデナウアーの信奉者や党友たちから抗議が飛んでくるかもしれない。「何を言っているんだ。それはぜんぜん違う」と彼らのプロテストが聞こえてくる。「アデナウアーは決してドイツの統一をあきらめたりはしなかった。あくまで統一を要求するのをやめなかったし、自分の最終目標はやはり統一だということを国民にはっきり約束していた。むろん統一といっても、自由主義体制を維持したままでの統一、つまり西ドイツを東へ拡張するかたちで一つのドイツを達成するということだ」。それは西ドイツを強力な西側ブロックに永続的に組み入れる過程においてなされるべきで、アデナウアーに言わせれば、西側が圧倒的に優位な力を見せつけながら、ソ連をまじめな話し合いに引きずり出すことで実現できるというのである。

アデナウアーがこうしたことをしばしば話していたのは事実である。また彼がこのような進展を本気で期待していたことも、十分ありうる。一九五〇年代、米ソ間の核の手詰まりを前に、そのような進展は今日と違って決して絵空事ではなかったのである。

しかしだからといって、アデナウアーがこのような期待（すなわち西側の圧力に東側が屈してドイツの再統一が実現するという期待）のもとに政策を進め、それがかなわないのならまったく別の政策をおこなっていただろうと憶測する者があるとすれば、それはアデナウアーの現実主義を理解しない者であるし、アデナウアーその人を矮小化しているとしかいいようがない。

もしアデナウアーがその程度の男ならば、彼は最終的には挫折した政治家で終わっていただろうし、自分が立てた目標も達成できなかったろう。間違った道に踏み迷い、何の見通しも立たずその場に立ちすくんだままだったろう。

そうではない。アデナウアーの場合、望みと実現はつねにいっしょだったのである。彼は一九六七年まで生きた。つまり西側自由主義の力で再統一を達成することはもはやできない、後戻りのできない時代まで生きた。だから彼は、再統一にこだわっていつまでもめそめそ嘆き続けるヤーコプ・カイザーのような未練がましい振る舞いは、一瞬たりともしなくてすんだのである。

もし仮にアデナウアーの政策が最終的に、いわば神様からのボーナスとして、ドイツの再統一をもたらしていたら、それはそれで彼にとって願ったりかなったりであったろう。その意味で彼をたんなるライン同盟論者、ドイツ本国からライン地方を切り離そうとする分離主義者とみなすなら、それははなはだしい誤解である。アデナウアーは一九一九年のときもそんな分離主義者ではなかった。たしかにライン地方をプロイセンから切り離そうとはしたが、ドイツ本国と手を切ろうなどとは一瞬たりとも考えていなかった。

ドイツ帝国百年の歴史から得られた教訓

アデナウアーも可能なかぎりドイツの統一を求めていた。しかし彼が求めたドイツ統一というのは、たとえその国境線がメメール川あるいはオーデル川にまでおよんでいようと、あるいはエルベ川やヴェラ川にとどまっていようと、あくまでも西側近隣諸国としっかり結びつき、自由主義共同体に組み込まれていることが前提条件であった。ドイツは決して東西のあいだを揺れ動く日和見政策に溺れてはならず、ふたたび東西両方を敵にまわして二正面戦争をするような危険を冒してはならない。これこそがドイツの安全を守るための至上命令であると彼は考えたのであった。

アデナウアーが一九二六年にワイマール共和国首相の地位を固辞したのも、一つにはいま述べたような理由からであった。彼はすでに当時から強烈な西側志向だった。そのため外相シュトレーゼマンが推し進める日和見的政策、すなわち表向きはフランスと和解し、裏ではロシアと秘密で軍事協力を推し進めるような政策にはとうてい親しむことができなかった。たとえ首相になったとしても、彼がめざす親西側政策を貫き通すことはとうてい無理であったろう。だからアデナウアーは首相になるのをあきらめたのである。

一九四五年の破局があって、はじめてドイツ国民はアデナウアーが志す西向き政策を心理的に受け入れることができるようになった。いやそれどころか、そのような政策こそが、いまや多くのドイツ人にとっては残された最後の救済のチャンスに思われたのである。

外交政策においても、アデナウアーの時代が訪れたのはようやく一九四五年を過ぎてからだった。すでにこの時点で彼は、東側（東ドイツ）は失われるだろうと予言していた。後に冷戦時代のさなか、アメリカが勢力を伸ばしつつあった頃、時として彼も、西側の圧力で東ドイツをとり戻せるのではないかと思ったこともあったようだ。まあそれが可能であったかどうかはさておき。

一九五二年にスターリンが提案したような、西側から離れてまで再統一をめざすようなことは、アデナウアーにとってはまったくの論外だった。それは彼の目には、ドイツの悲劇を新たに、しかも三度までもくりかえすことにほかならなかった。すでに一九一八年と四五年に、二度までも悲劇の幕を下ろしたばかりではなかったか。

当時私はアデナウアーとは反対の陣営にいた。ベルリンを首都にドイツを再統一することは、私にはどんな危険を冒してでもやり遂げる価値があるように思われたのだ。まあ、許していただきたい。私はベルリンの人間であり、アデナウアーはライン地方の人だ。感情的に私はどうしても、彼のドイツ政策に賛成することができなかったのである。しかし、だからといってアデナウアーが下した決定の正当性を認めないわけではない。それ（ドイツを西側自由主義陣営に組み込むこと）は過去百年の歴史的経験を踏まえたうえで決定されたことなのだから。

一八七一年に建設されたドイツ帝国は決して幸運ではなかった。ヨーロッパの中央に位置し、四方八方を敵にまわしていた。ヨーロッパの覇権を握って超大国になるには小さすぎたが、だからといって近隣諸国を脅かさないほど小さくはなかった。国際社会にしっかりした拠り所をもたず、安定した指針もなく、そのためつねに即興的な外交に頼らざるをえなかった。

すでにビスマルクからして、ドイツ包囲連合の悪夢に悩まされていた。ドイツ帝国は敵に包囲されていると感じ、その包囲網を断ち切ろうと試み、失敗した。ヒトラーがその試みをさらにまずいやり方で繰り返したが、またもや失敗し、結果は前回以上に深刻なものとなった。

アデナウアーに言わせれば、一九四五年以降の世界情勢の中で、今ようやくドイツの大部分を西側自由主義陣営に組み込むチャンスが訪れたというのに、またしても懲りずに、すでに二度も座礁した船にわざわざ乗り込んでいったいどうする気だ、ということである。

そもそもビスマルクのドイツ帝国建設のはじめから、あれだけ大きなドイツを運営してゆくのは、ドイツの政治家たちの手腕では荷が重すぎたのではないか。この問いはドイツ人にとって、重く運命的である。アデナウアーにとって、その答えは一つしかなかった。彼のとった方針がその答えであり、それが今日のドイツの歴史を決定している。その意味でアデナウアーはいまだに健在であり、彼のしたことがドイツにとって幸福だったか不幸だったかを決めるのはまだ時期尚早であると私は思うのである。

しかしそれでもなお私たちは、この問い（すなわちドイツは統一して大きくなったほうがよいのか、それとも二つのままでよいのかという問い）をつきつめて考えてみたいのである。たとえ明快な答えが出なくても、せめて解答への手がかりを見つけたい。ひとつの民族にとって、一つの国ではなく、二つの国で生活するというのはかならずしも不幸なことではない。いろいろな意味でこの四半世紀の間、ドイツ人は二国家制度で得をしてきた面が多々ある。むろん西ドイツのほうが、東ドイツよりもはるかに多くの利益を得ているのはたしかだ。両国家とも、一九四五年以後一つになって独立自尊を貫く大ドイツ国家になるよりも、それぞれの世界システムに組み込まれることによって、はるかに容易かつ早くに信頼と尊敬を獲得したことは事実である。双方とも長い平和を享受し、とりわけ西ドイツは未曽有の繁栄を謳歌している。

不幸なこと――決して避けられない不幸ではないが――は、両ドイツ国家の間に敵対関係が支配していることである。以前は西ドイツ側から醸成されていたが、最近は東ドイツ側からの煽りが強くなっている。そしてドイツの分断は、なによりベルリンにとって不幸の種である。これまで当たり前だった首都の機能が奪われ、分断以来ずっと危険な宙ぶらりの状態で、待ちぼうけを食らわされているのだから。通り名をカイザーダムからアデナウアーダムに変更しようしたのを、ベルリン市民が猛烈に反対したのはうなずける。

しかしこんなことだけで、アデナウアーの業績が幸福をもたらしたのか、それとも多くの偉人たちが後世にとってそうであったように、不幸をもたらしたかを測ることはできない。やはり彼本来の目的が何であったかを、しっかりと見据えなくてはならない。つまり彼が創出した西ドイツが、彼の狙い通り西側体制にしっかりと組み込まれて安全に機能しているのかどうか、これがアデナウアーの成否を判定する基準でなくてはならない。ドイツの統一を犠牲にして西ヨーロッパの統合を実際にやり遂げたのかどうかは、今なお定かではない。たしかに、今の西ドイツと西欧近隣諸国との関係と、かつてのドイツ帝国と西欧近隣諸国との関係を比較すれば、たしかに状況は大きく改善したといえる。とりわけ最も困難と思われた独仏敵対関係の和解を、アデナウアーは本人も不可能と思われた離れ業で大きく前に押しすすめた。しかしその後、ドイツとフランスの蜜月は過ぎ、またしても日常のいざこざを繰り返している。そして今世紀（二十世紀）のうちに、アデナウアーがめざしたような西ヨーロッパ統合が実際に実現するかどうか、その答えは依然として空白のままである。それは西ドイツのせいではない。古いヨーロッパの国々の中には、より大きな統合ヨーロッパの視点に立って、国民的エゴイズムを捨て去る覚悟ができていない国が多いのである。だがヨーロッパ統一を促す西ドイツの性急な〝求愛活動〟がかえってあだとなって、近隣諸国からそっぽを向かれることにもなりかねない。

そして最後に、答えの見つからない問いの中でもっとも悩ましいのは、資本主義と社会主義という二つの対立するイデオロギー体制の境界線と、相対立する軍事同盟の最前線がドイツを貫いて通っていることである。さしあたり核の手詰まりによる勢力均衡が、双方を封じ込めている。それが続くかぎりは、アメリカの核の傘が私たちを守ってくれるだろう。それはロシアの核が東ドイツを守るのと同じだ。このような安全保障体制はアデナウアーのおかげである。西側陣営との同盟を求めることで安全を選んだのは、ほかでもないアデナウアーだったからだ。しかしいつかこの勢力均衡が崩壊するようなことになれば、アデナウアーの選択は呪われることだろう。なぜならアデナウアーが選んだ安全保障システムは、そのとき破滅のシステムと化すからである。ようするに、こんなかたちで彼は私たちの運命を定めたのであり、それはいまも続いている。彼が〝歴史の本棚〟にしまい込まれるまでには、まだ時間がかかるだろう。いよいよ歴史の評価が下されるとき、その評価に耳をかたむける者はおそらく一人もいないだろう。

（初出・自由ベルリン放送・一九七六年）

訳者あとがき

本書は、二十世紀の百年をほぼ丸ごと生きたドイツを代表する歴史ジャーナリスト、セバスチャン・ハフナー（一九〇七〜九九）が残した歴史エッセイ集 *Historische Variationen*（初版一九八五年。新版二〇〇一年）の中から、ドイツ近現代史を理解するのに恰好と思われる珠玉の名品を選んで翻訳したものである。読者はドイツ史のツボともいえる基本的史実のみならず、いくら議論しても尽きることのない興味深いテーマにも触れることができる。さらに読者は、第一次、第二次世界大戦を同時代人として生き、歴史の「震源地」の熱を感じとり、時代の空気を吸ってきたこのハフナーという、歴史語りの魔術師のたくみな語り口をも味わうことができる。

序章ではかつて一世を風靡した代表的な歴史観が紹介される。マルクス主義、ナチズム、シュペングラー、トインビー、ヘーゲルといった、名前こそおなじみだが、きっちり説明してみろと言われると思わずたじろいでしまうイデオロギーが、筆者の筆によって易々と、多少の皮肉をまじえながら語られる。

第1章「ローマ帝国の巨大な遺産」を読むと、ヨーロッパとは何かについて明確なイメージが伝わってくる。「戦って守らなければ失われるのみ」という著者の警句は、現在の日本人にとって先人が残した遺産とは何かを考えるうえで示唆深い。

第2章「人工国家プロイセンの興亡」、第3章「ビスマルクのドイツ帝国建設」では、プロイセンという北ドイツの大国が、宰相ビスマルクを中心にドイツ統一を成し遂げる経緯が語られるが、軍国主義という従来の固定的なイメージとは程遠いプロイセン国家の意外な性格や、「ただためらいながら、状況に引きずられていった」ビスマルクの苦悶のさまなど、偉業の影に隠れた裏事情がうかがえる。

ここではビスマルクによるドイツ統一と、日本における明治国家の成立をやや劇画的に比較して想像してみるのも面白い。たとえばプロイセンの役割を果たしたのが薩摩、長州であり、滅びゆく徳川幕府はオーストリアのハプスブルク王朝になぞらえることができる。ナポレオンという外圧をはね返し、ナショナリズムの沸騰をたくみに利用して対外戦争をおこない、ドイツ帝国をつくりあげ運営していったのがビスマルクのドイツ。ペリーの来航に象徴される西洋の圧迫によって近代国家建設を余儀なくされた日本の指導者たちが、ヨーロッパの新興国家ドイツの力強いダイナミズムに魅せられ、これを国際競争を生き抜くためのお手本にしたのもうなずける。

国民の感性を自国の言葉で生き生きと表現したゲーテ、シラーは、鷗外、漱石。ナポレオンに踏みにじられ意気消沈した国民に檄を飛ばした哲学者フィヒテは、吉田松陰。行政改革の指導者シュタイン、ハルデンベルクは、大久保利通、木戸孝允。教育改革の中心人物フンボルトは、福沢諭吉。軍制改革を進めたシャルンホルスト、グナイゼナウ、クラウゼヴィッツは、高杉晋作、大村益次郎、児玉源太郎などなど、ドイツ近代史は明治日本を連想させてやまないのである。

その意味でのきわめつきは第4章「セダンの勝利の呪縛」である。対仏戦争の勝利がドイツ国民にもたらした陶酔感は、日露戦争後の日本にもそのままあてはまり、この類似性はいったい何だろうと驚くばかりである。それに続く第5章「ヴェルサイユ条約の逆説」、第6章「ヒトラーはなぜ権力を手にできたのか」、第7章「第二次世界大戦はいつはじまったのか」では従来の定説が覆され、ハフナーの大胆な持論が展開される。もしドイツがヴェルサイユ条約を拒否していればヒトラーは出現しなかったし、第二次世界大戦も避けられた（第5章）。ヒトラーが大躍進を遂げたのは、非合法な暴力テロによってではなく、貧窮の絶望に追い込まれた庶民大衆が、エリート支配の階級社会に背を向け、何か新しいものを望み、「われらが最後の希望」として積極的にヒトラーを押し上げたため（第6章）。第二次世界大戦はドイツのポーランド侵攻によってはじまったのではない（第7章）。誰もが当たり前と信じて疑わない定説を、こともなげに踏み倒しながら自説を説くハフナーにおおいに説得力あり。

第8章「ドイツはなぜ間違ったか」では、ドイツ思想史を貫く非理性的な流れがドイツを誤らせたと指摘し、国家運営における理性の至高不可欠さと、刺激や興奮を求める大衆デモクラシーの危うさを説いている。第9章は第一次世界大戦の敗北から生まれた楽天的なワイマール憲法と、第二次世界大戦の敗北から生まれた人間不信の現行憲法を比較して、両者の違いと成否を分けた決定的要因をわかりやすく説明している。

最後の第10章「奇跡の老人アデナウアー」は、戦後ドイツ復興の立役者コンラート・アデナウアーを独自の視点で評価したユニークな人物論で、ソ連の誘惑などには目もくれず、迷うことなく西ドイツを西側資本主義陣営に組み入れたこの奇跡の老人を、筆者は手放しで褒めちぎっている。

ハフナーの真骨頂はなんといっても、同時代人としての証言と歴史家としての視点が合わさって、どんな時代だったのか、どんな人物がどんなことをやり遂げたのか、その社会の仕組みがどんなもので、どのように機能したのかがありありと見えてくることである。ドイツ人にとってもドイツ史はわかりにくいというが、そのわかりにくい錯綜纏綿《てんめん》をときほぐし、要所要所をクローズアップしながら全体をも見渡せるようパノラマ化してみせたのがハフナーであり、彼の作品が次々とベストセラーになったのもそのためである。

おしまいに本書作成にあたり、勘所をおさえながら全体を組曲のようによどみのないものに仕上げるのに力を尽くしてくれた編集担当の碇高明氏に心より感謝申し上げる。またドイツでワールドカップが開催されるこの年に、ドイツの歴史を紹介するうってつけの本を世に出すことができるのも、訳者にとってはよろこびこの上ないことである。

二〇〇六年四月

訳者

文庫版のための訳者あとがき

「切り刻まれた人生だった」晩年のインタビューでセバスチャン・ハフナー（本名はライムント・プレーツェル。ここでは通り名のハフナーで通す）は、九〇年の生涯を総括している。先祖はおそらくスラブ系で一七七〇～九〇年頃、現在のポーランド・ダンツィヒ地方から、ポンメルンのティホボに定住し、農業を営み代々村長をつとめた。ハフナーの父カール・ルイス・アルベルト・プレーツェルは一族の出世頭だった。師範学校を終えると、はじめはポンメルン地方の小都市で平凡な田舎教師に甘んじていたが、一八九三年ベルリンの国民学校に招聘され出世の糸口をつかんだ。ドイツ教員連盟ベルリン地区のメンバーとなり、自主独立精神に基づく教育論を展開して数多くの論文を発表した。ベルリンに来て何年か経った頃、教員のダンスパーティーで後の妻ヴァンダ・レーマンと知り合い結婚した。次々に子供が生まれ、一九〇七年十二月二十七日に四人目の末っ子として生まれたのがハフナーである。翌一九〇八年には校長になり、一九一九年（ワイマール共和国誕生の年）にはプロイセンの文部省に地位を得て、政府の教育改革に参画した。一九二二年にはベルリン国民教育協会の会長に選任され、一九二九年に行政長官の位を得て六十五歳で退官した。政治的には中道リベラル左派に所属、同じ党派にはマックス・ヴェーバー、ワイマール憲法の起草者プロイス、ヒトラーを後押しした国立銀行総裁シャハト、第二次大戦後西ドイツ大統領になったテオドーア・ホイスなどがいる。

教養豊かなブルジョア家庭に育ったハフナーは、なに不自由ない子供時代を過ごした。第一次世界大戦（しかも敗戦）という未曽有の災厄に見舞われはしたものの、一族には出征して戦死・負傷した者もなく、大衆が味わった飢餓・困窮のどん底を経験することもなかった。ただ戦争の衝撃だけは、少年ハフナーの記憶に生涯強烈な印象を刻み込んだ。子供ながらに読みあさった新聞記事から、「大衆心理」「世の中の空気」といった目に見えない圧力が伝わってきたことを晩年のインタビューで語っている。

父親の出世に伴い、労働者・職人など一般庶民の暮らす居住地から、高級官僚・富裕層が居を構える高級住宅地に引っ越したことは、「ドイツからイギリスに亡命したときよりも大きなショックだった」という。ギムナジウムでは、ユダヤ・エリートの子供たちと多く知りあい、大きな刺激を受けた。「洗練された教養をそなえ、文化的でとりわけ思考能力にすぐれたユダヤ人たちに自分はとても心惹かれる」と十三歳の少年は日記に記している。ギムナジウムを首席で卒業し、大学では父の要望に応えて法律を専攻、ワイマール共和国の儚い民主主義の時代、つかの間とはいえ黄金の二〇年代の繁栄を誇る世界都市ベルリンで、青春を謳歌したのである。ヒトラーが政権を握った後は、軍事訓練で四週間ばかり兵舎生活を経験したが、その後一年間パリで博士論文を書いて帰国し、ベルリン・シェーネベルクの上級地方裁判所で司法官の見習い、弁護士の代理として、父親の期待に添いながら公務員をつとめはじめた。その一方で作家になる夢を捨てきれず、小説や文芸評論を発表し、ファッションの文芸欄の編集などをして夢を紡いでいた。

転機が訪れたのは一九三八年ヒトラー全盛期、ユダヤ人でシングルマザーのエーリカ・ランドリーという女性とのあいだに子供ができたという、きわめて内輪の事情からドイツを出て、イギリスへの亡命を余儀なくされたのである。亡命前、大学の図書館で司書をしていたエーリカの縁故で、ロンドンの学術・出版界を訪ね歩いて、ようやく英紙「オブザーヴァー」にひろわれた。ジョージ・オーウェルらとも机を並べ、ドイツ事情のスペシャリストとして頭角をあらわし、一九四〇年にはナチスドイツの内情を暴露した『ドイツ・ジキルとハイド』(*Germany, Jekyll and Hyde*) を出版して注目を集めた。ドイツに残してきた家族や知人に危害が及ぶのを恐れ、この頃から「セバスチャン・ハフナー」のペンネームを用いるようになった。「セバスチャン」は敬愛する音楽家バッハに由来し、「ハフナー」はモーツァルトがザルツブルクの貴族ハフナー家のために作曲した「ハフナー・セレナーデ」「ハフナー・シンフォニー」からとったもので、ユダヤ名でないことを意識してつけたという。

戦後はドイツにもどり、東西ドイツ分断、ベルリン封鎖、壁構築、キューバ危機といった冷戦時代の騒擾と混迷の中でドイツの一流紙（誌）「ヴェルト」「シュテルン」のコラムニストとして人気を博した。ベルリンの壁が築かれたとき、ハフナーは世論・大勢とは逆の見方をした。ソ連が東西ドイツ統合・中立化を提案すると、西側はこれを拒絶して東西ドイツの分割が固定化した。東から西へ人びとが大量脱出するのを食い止めるために、ソ連は独断でいきなり壁を築いた、ということになっている。だが真相はそうではないとハフナーは異をさしはさむ。ベルリンの壁は西側から東側に提案してできたものだというのである。事実アメリカは壁ができたとき何もしなかった。アメリカはもともとドイツ人を助ける気などないのである。壁をつくっておたがいに手出しできないようにすれば、戦争をしなくてもすむ。東から西へ大量の人びとが一方的に流れ込めば、東ドイツをはじめとする東ヨーロッパは完全に疲弊・破綻し、戦争は避けられなくなる。そうならないために、西側はあえて壁を設けるようソ連にすすめたというのである。政治家はみんなこんなことくらいはわかっている。しかし、それを口にすれば袋叩きに遭うから、誰も何も言わないのだとハフナーはぶちまけた。

一九六二年十月のキューバ危機の際、世界のマスメディアはこぞってケネディを褒め上げた。ケネディこそは、ソ連・フルシチョフを抑え込んで第三次世界大戦を回避した平和の勝者だといわんばかりに。だがハフナーはソ連が妥協した裏には、それなりの打算が働いていたことを指摘して、ケネディの功績にケチをつけた。つまりソ連がキューバから手を引く代わりに、アメリカはトルコとイタリアに配備した核ミサイルを撤廃したのである。すでに「核の手詰まり」で核戦争などできるはずがないと見ていたハフナーからすれば、キューバ危機に神経をとがらせる世論・メディアの騒ぎはばかばかしいとしか思えなかった。ソ連を信じないのはいうまでもないが、ベルリンの壁ができたとき何もしなかったアメリカにもハフナーはとうの昔に愛想を尽かしていたのである。米ソ超大国などといいながら、いざというとき核戦争をやる度胸も覚悟もこいつらにはないだろうと、ハフナーは決めてかかっていた。

同じ一九六二年十月に起こった「シュピーゲル事件」（同誌が国家の軍事機密を暴露したとして反逆罪の容疑をかけられ、社主以下幹部が逮捕された事件。真相究明の結果、潔白が証明されシュピーゲル社は無罪放免、言論弾圧を企てた国防相シュトラウスが辞任に追い込まれた）では、ハフナーは自分が書いた真相究明の記事がアデナウアーの指示で差し止められたのに憤慨し、テレビ局に駆け込み、自ら視聴者の前で記事を公表して政府の言論弾圧を弾劾した。その締めくくりに彼はこう言い放つ。「もしもドイツの世論がこれを見てあっさりと受け流し、政府に対して執拗に説明を求めないのならば、そのときは、さらば言論の自由よ！　さらば法治国家よ！　さらばデモクラシーよ！」

　これがきっかけで世論は沸騰、マスメディアは政府による言論弾圧を猛烈に糾弾、陰謀の主が国防相シュトラウスであることが判明し、同相は辞任すると同時に当時最有力視された首相就任への望みも消えた。ただシュトラウスにもそれなりの言い分はあった。「国民の安全を守るために言論の自由を改める必要があると感じたのである。私はこれまで信用できる言論機関とただの一度も問題も起こしたことはない。ただシュピーゲルだけはそうではなかった。彼らは今日のドイツにおけるゲシュタポだ。彼らは何千もの人々の過去の情報をにぎっている。あのナチス時代に関わる情報だ。だれもがもみ消したい過去を背負っている。それが恐喝のネタになることがあるからだ。だから彼らの活動を阻止しなければならないと私は考えたのだ」

　この頃のシュピーゲルは今以上に「いかがわしい極左雑誌」に見られていたから、成り行き次第では廃刊倒産のおそれすらあった。だから社主のアウグシュタインは、生涯ハフナーに感謝の念を持ちつづけた。ハフナーを社に迎えようと「特等席」を用意したが、本人は一度も応じなかった。文体が馴染まないのは初めからわかりきっていた。ハフナーの墓前には、アウグシュタインからの花輪が置かれ、「友情と尊敬をこめて」と書かれている。のちに世界的ベストセラーになったハフナーのヒトラー伝（邦題『ヒトラーとは何か』草思社刊）の執筆のきっかけをつくったのは、シュピーゲルが一九七七年八月、「若い世代が描くヒトラー像」と題して組んだ特集だった。百人の教師を通じて各種学校の生徒たちにヒトラーについて作文を書いてもらった結果、現代の若者がいかに歴史を知らないか、ずさんで大雑把な知識しかなく、ちょっと小耳にはさんだ程度の半知半解、当て推量による思い込みのままでいることが判明した。十三歳の女子生徒がシュピーゲル誌宛におよそ次のような内容の手紙を寄こした。——若者がこんなに歴史を知らないのはちっとも不思議じゃありません。正直言って、わたしだってあまりよく知らないのです。マーザーやフェストなどの分厚い本はわたしにもさっぱりわからない。ヒトラーについて書かれたいい本があれば、できれば青少年向きに書かれた、あまり長くない、あまり難しくない本があれば、若者の認識不足に歯止めがかかると思います。そんな本があればすぐにでも読みたいです——学者たちの込み入った歴史議論と一般市民の素朴な歴史への好奇心との間には、大きな隔たりが生まれていたのである。ヒトラーおよびナチス時代について、予備知識なしに読める本がもとめられていた。

いったい誰にそのような本が書けるのか。シュピーゲルの記事を読んでそれを思いついたのが、かつてハフナーがイギリスに亡命する前に、ウルシュタインという出版社で一緒に仕事をした旧友ヘルムート・キンドラーだった。あのヒトラー伝の決定版はこの男の励ましで生まれたのである。キンドラーはナチス時代、ひそかに抵抗運動に参加、ポーランドの抵抗グループとも連絡を取り連携を深めていた。だが自分が経営する新聞社の編集局に武器を隠していたのを、ゲシュタポに嗅ぎつけられて捕まり、厳しい尋問を受けた。「セバスチャン・ハフナーという偽名でイギリスのオブザーヴァー紙で売国行為を働いている、ライムント・プレーツェルという男をお前は知っているだろう」と問い詰められたが口を割らなかった。このキンドラーのすすめでハフナーが書き上げたヒトラー伝の決定版は、キンドラー自ら経営するキンドラー社から刊行され、ミリオンセラーの成功をおさめた。この本の成功を契機に、ハフナーは七十歳を越えてから歴史ジャーナリストとして次々と傑作を生み出し、それまでの重厚難解な歴史本のイメージを覆した。「歴史は現実ではない、それは文学の一ジャンルでしかない」と言いきるハフナーにすれば、歴史本の成否は、読者の芸術的感性と知的好奇心をどれだけ満足させるかにかかっていた。

戦後ドイツの世論形成にハフナーほど大きな刺激と影響をあたえたジャーナリストは他にいない。ドイツ現代史の勘どころをおさえて、わかりやすく説明したことが何よりの功績である。つかみにくい流れ、複雑に絡んだ人間関係、見通しの悪い背景から、本質的かつ興味深いテーマを選りすぐり、読者の関心を本筋から逸らさないようにして、ときに挑発的な疑問を突きつけ、ときに共感・同意を誘いながら、感情を揺さぶり、感性に語りかけ、強烈な印象を刻みこむのである。

「どうやら私の言いかたには毒があるようだ」ハフナー本人も自分の文体に気づいている。そこには読者を静かな興奮、神経をざわつかせる不可解な苛立ち、抗えない陶酔へと引き込む不思議な魔力が潜んでいる。さりげない言い回しに、常に軽い毒が含まれているのはなぜだろう。いつの時代も大衆は、ひと握りの悪だくみの天才・ペテン師にだまされるものだとすれば、毒を以て毒を制すというハフナーの論法が、戦後ドイツ人たちをひきつけたのもうなずける。

「マルクス主義と同じように、ヒトラーのナチズムに対しても、私と同時代の人間は盲目的にこれを信じ込んだ。その結果、マルクス主義を信じ込んだ人々と同じように、ナチズムを信じ込んだ人々もまた何百万という単位で、信念を抱いたまま死んでいった」（本書・序章）この一節を読んだだけで、読者の胸にさまざまな思いが湧き上がるだろう。「〝信念を抱いたまま死んでいった〟だって？　ふざけるな！　誰もがみな無念の思いで死んでいったんじゃないのか」「いやはや、イデオロギーというのは恐ろしいね、善良な市民はいつの時代も嘘を真実と思い込まされ、洗脳されたまま死んでいくんだよ」「あれ、変だな、マルクス主義とナチズムが同列に扱われているみたいだな、こいつ頭がおかしいんじゃないのか？」等々。冷静に興奮しながら思いをかきたてられるところに、ハフナーの不思議な魅力がある。

「ビスマルクの帝国建設は……見事なトリックであった。しかしどんなに素晴らしいトリックを用いたところで、決して恒久的なものはつくれないのである」（本書・第3章）この一言でドイツ帝国建設の立役者ビスマルクの華々しい業績が見事に茶化されてしまっている。要は抵抗するバイエルン王を金の力で籠絡して、他国に戦争を吹っ掛けてこしらえた砂上の楼閣じゃあないかとでも皮肉りたくなる。バランス外交による国際協調でヨーロッパの安定を築いたなどと昨今、妙にもてはやされるビスマルクだが、その実態と権謀術数の本質は何だったのか、真相究明の入門になる一章である。

ヴェルサイユ条約を拒絶していれば、ヒトラーの出現、第二次世界大戦はなかったという大胆な仮説をハフナーは突きつける。「そんなばかな、こいつはなにをいっているんだ、国民が疲弊のどん底にあったあの時点で戦争をさらに継続するなんて、よくそんな馬鹿なことが言えたものだ」というのがまっとうな人間の反応だろう。しかしハフナーの状況分析・展開予想に耳をかたむけているうちに、なんとはなしに納得してしまうもう一人の自分に気づくはずだ。

「ヒトラーを選んだ有権者たちは、帝国にも階級社会にも後戻りしたくなかった」（本書・第6章）という一文は時代の状況を見事にとらえている。権力と富を得た者たち、すなわち支配・管理する側はつねに古い既存の体制・価値観にすがりつく。管理され、支配される側の者たちは、真新しい価値観、権力を破壊する新奇なシステムにたやすくあこがれ、とりこになる。権力側が無意味な私闘内紛に明け暮れするあいだに、大衆を味方につけた成り上がり者がまんまと国家を乗っ取ってしまったのである。ヒトラーの権力掌握劇を時代背景、ワイマール共和国の構造もふくめてこれほどわかりやすく語り聞かせる一章にはなかなかお目にかかれない。

ベルリンの壁が崩壊して、東西ドイツが再統一したとき、大衆もマスメディアも熱狂してこれを歓迎したが、ハフナーは「東西対立の終結によって四十年続いた平和も終わった」と歴史の大転換を慨嘆した。遺著となった『ビスマルクからヒトラーへ』の一九九〇年版あとがきで、「これからは、ビスマルクからヒトラーへと変化していったドイツの歴史の流れを、できうるかぎりはっきりと記憶に呼び起こすことが大事だ」と読者に語りかけ、予言めいた言葉を残している。「ドイツが世界に対して、それまでとは全く違った顔をみせることがあるという歴史の教訓が、これまで以上に現実味を帯びてくるだろう」と統合して大きくなったドイツが強くなりすぎて、国際的均衡が崩れることへの危惧が込められている。

均衡が崩れたのはソ連が崩壊したためだが、その元凶はゴルバチョフだとして、当時解放の立役者として大いに賞賛された「ゴルビー」をハフナーは徹底的に糾弾している。「ゴルバチョフはソ連を五年間なすがまま放置して崩壊させてしまったのだ……ゴルバチョフは西側でいえば左翼リベラル派、ようするに左翼のインテリだ、そんな者に超大国の統治がつとまるはずがない……ソ連の崩壊でヨーロッパの勢力均衡のバランスが崩れた。これはゴルバチョフの責任である。ロシアは予測のつかないいわけのわからない国になってしまった。いまわれわれが目にしているのは、四十年の平和が終わったということ……ヨーロッパの平和秩序がこの先どうなるか、わたしたちにはわからない……二つのドイツでよかったのだ。それがなくなったいま、どうなるかはわからないのである」

だがハフナーをはじめ当時の長老たち（ヒトラーの時代を生身で知る者たち）が危険視したのはそれだけではない。東ヨーロッパが解放されたことで、それまで眠っていたヒトラーの遺産、すなわち反ユダヤ主義＝反資本主義がふたたび目を覚ましてしまうことを彼らは恐れたのである。現在ヨーロッパ各地を席捲しはじめつつある極右政党の運動の根底には、ビスマルクがドイツ帝国を築き上げた時代（一八七〇年代）から連綿と受け継がれてきた反ユダヤ主義運動がある。これはユダヤ資本による富の偏在・格差拡大への抵抗抗議運動の流れであり、時代の変化、地域差はあるものの百数十年来、国民選挙においてつねに二〇～三〇%の支持を得てきている（状況次第では過半数を得ることもあった）。ユダヤ資本と密接に結びついて、金融、情報、流通などあらゆる方面でユダヤネットワークを存分に活用して、ドイツ帝国の繁栄を築き上げたビスマルクは、それまで闇の支配者にあまんじていたユダヤ人を、社会の明るみへと解放し、彼らに地位や名誉や特権を与えて思う存分に活躍の場を提供した。その反作用として皮肉なことに、それまでビスマルクを支持してきたユンカーなど旧保守層にまで、根強い反ユダヤ感情を生み出してしまったのである。奢侈《しゃし》におごるユダヤ財閥の振る舞いに、大衆の不満憎悪もやがて沸点に達し、それがヒトラー・ナチズム台頭の土壌を用意した。たしかに戦後ドイツではユダヤ批判はタブーであり、ハフナーもユダヤを直接名指しで弾劾していないが、歴史の不条理・不可解を示唆することで、課題を浮き彫りにしている。金と暴力でつくった帝国はしょせん砂上の楼閣に過ぎないという、ハフナーの歴史観にそのことはじゅうぶん込められている。ハフナーが活躍した当時（一九六〇～七〇年代）は、左翼・極左運動の勢いがさかんで、極右運動が下火だったために、当時の思想傾向としては反ユダヤ主義の淵源来歴に注意が向かなかったのかもしれない。

壁が崩壊することで状況は一変した。それまで眠っていた反ユダヤ主義、昨今のハゲタカファンドに代表される根こそぎ収奪的な資本主義にたいするはげしい抗議運動が目を覚ましたのである。幼少の頃からユダヤ人と親しく接し、ユダヤ人女性と結婚し、ユダヤ人の友人も多かったハフナーにすれば、反ユダヤ主義というドイツ史を貫く大きな流れ、その功罪を見すえて、弾劾することはためらわれたのであろう。だがユダヤ人の功罪を真正面から見すえる作業は、ハフナーの後継者たちに引き継がれている。ブレスラウ（旧ドイツ・現ポーランド）に生まれ育ち、ナチス時代にアメリカに亡命し、コロンビア大学の歴史学教授となったフリッツ・スターン（一九二六～二〇一六）は、名著『金と鉄――ビスマルクとその銀行家ブライヒレーダー』の中で、ビスマルクとユダヤ人銀行家たちとの濃密な関係を詳細に描いた上で次のように述べている。「ロスチャイルド家の人びとは反ユダヤ主義の責任は自分達ユダヤ人にあると考えていたようだ。一八七五年マイヤー・カール・ロートシルトはブライヒレーダー（訳注・ビスマルクのプライベートバンカーをつとめたドイツ帝国一の大富豪）にこんな手紙を書いている。『いま世間を騒がせている反ユダヤ主義感情に関してだが、それはユダヤ人自身に責任がある。ユダヤ人憎悪をかきたてる煽動はユダヤ人の不当な行為、虚栄心、底知れぬ傲慢さに原因があるのである』。この時代からちょうど百年後、ギー・ド・ロスチャイルド男爵（訳注・パリ・ロスチャイルド銀行最高責任者）は公の場でこう述べている『ユダヤ人社会を脅かす最大の危険はユダヤ人であることが往々にしてあるものです』。ロスチャイルド家が蓄積した空前の富と権力こそが反ユダヤ主義を生んだと言えないだろうか？」（同書独語版　717ページ）。フリッツ・スターンは一九六〇年代にロスチャイルド家・ブライヒレーダー家・ビスマルク家の末裔たちが保管するアーカイブスを訪ねて、ビスマルクとユダヤ銀行家たちとの関係を証拠立てる膨大な資料を発見解明し、それまで公文書・文献から抹消削除されていたビスマルクとユダヤ財閥との密接な関係を明るみに出した。その意味でスターンこそは、ハフナーが掘り起し、切りひらいたドイツ史の究明をおしすすめたドイツ史研究の功労者といえる。ヒトラーの痕跡をドイツ人の深層に深く分け入って〝生放送〟で伝えたハフナー、そしてドイツ史の地下水脈ともいうべき反ユダヤ主義の系譜を追いかけ、そこにナチズム台頭への前兆を感じ取ったスターン、二人ともあの時代をじかに知っていたからこそ、説得力のある筆致で後世への遺書が残せたのである。

一九六〇年五月、西ベルリンでおこなわれたある作家の講演会の後、聴衆から「ナチスに身をゆだねたのはどんな社会層だったのか？」という質問が出た。これに対して作家が、ヒトラーを支持したのはブルジョアたちだと答えた。すると聴衆の中からハフナーが立ち上がり、作家に向かって「そうじゃない、あなたみたいな中途半端な教養の持ち主、何でもわかったようなつもりでいる人間がヒトラーを支持したんだ」と反論した。周りの証言によると、侮辱されたと感じた作家は閉会後、会場を去ろうとするハフナーにつかみかかってひと悶着あったという。いずれにせよハフナーの一言は、ナチス時代の現実を深い意味でよく捉えている。たしかに、実際にナチスを支持したのは労働者・プロレタリア階層よりも、裕福でかなりの教養あるブルジョア・中間層のほうが多かったことがこれまでの研究でも実証されている。その意味で作家の見解は間違いではない。しかしハフナーからすれば問題の本質は、富裕層がヒトラーを支持したのか、労働者・貧困層がヒトラーに投票したのかという社会階層の問題ではなかった。またどの世代がナチスに傾倒し、どの世代がナチズムに対して冷やかだったのかという世代間論争も、ハフナーには意味のないものに思えた。彼が言いたかったのは、「中途半端な教養人、何でもわかったつもりでいる人間」こそが時代の波に呑まれ、狂気に引き込まれやすいということなのだ。ヒトラーのような大衆煽動家に洗脳されやすいか否かは、その人間が所属する社会階層にも、氏素性にも、右翼か左翼かということにも関係がない、その人間の教養の程度にも、年齢を重ねて知識や経験が豊富かどうかにも関係がないのである。煽動家やマスメディアのプロパガンダに対して免疫があるかないかは、人間のもっとずっと深いところ、つきつめれば〝本能的直感〟にあるという考え方がどうやらハフナーというたぐいまれなる烱眼《けいがん》の根底にはあった。すこし注意して読むと、ハフナーの文章の行間には何やら怪しげなものが漂っているのが感じられる。若い頃からの経験を五十年、六十年練りに練って生まれた文章表現である。昨日今日のとっさの思いつきではない。さきに「毒がある」という言いかたをしたが、それがおそらく印象を刻み、読む者の心に〝しこり〟を残すのだろう。この拙い翻訳が読者の心のかたすみに、いくらかでも〝しこり〟を残すことができれば幸いである。

二〇二〇年六月　　　　訳者

〈訳者あとがきのための参考文献〉

Sebastian Haffner:『Anmerkungen zu Hitler』1978／邦題『ヒトラーとは何か』ハフナーの大ヒット作

Sebastian Haffner:『Von Bismarck zu Hitler-Ein Rückblick』1987／ビスマルク帝国の誕生からナチス帝国崩壊までを一気に読ませる最高傑作

Uwe Soukup:『Ich bin nun mal Deutscher-Sebastian Haffner: Eine Biographie』2001／晩年のハフナーにじかに接して取材したジャーナリストのハフナー伝

Jürgen Peter Schmied:『Sebastian Haffner-Eine Biographie』2010／若手歴史学者が書いた詳細なハフナー伝

Otto Jöhlinger:『Bismarck und die Juden』1921／ビスマルクとユダヤの関係を伝えるもっとも重要な記録、早逝したプロイセン官僚が残した一冊、旧ドイツ字体（いわゆるひげ文字）が好きな方にお勧め

Fritz Stern:『Gold und Eisen-Bismarck und sein Bankier Bleichröder』1978／ビスマルクとユダヤ銀行家との密接な関係を膨大な資料をもとに綴った名著

Fritz Stern:『Verspielte Grösse』1996／著者自身の亡命にも触れた、才能あるユダヤ人たちの悲劇を綴ったエッセイ集

Massimo Ferrari Zumbini:『Die Wurzel des Bösen-Gründerjahre des Antisemitismus: Von der Bismarckzeit zu Hitler』2003／著者はドイツ精神史を専門とするイタリアの歴史学者、ドイツの歴史学者が書けない反ユダヤ主義の系譜をまとめ上げた労作

＊本書は、二〇〇六年に当社より刊行した著作を文庫化したものです。

草思社文庫

ドイツ現代史の正しい見方

2020年8月10日　第1刷発行

著　者　セバスチャン・ハフナー
訳　者　瀬野文教
発行者　藤田　博
発行所　株式会社 草思社
〒160-0022　東京都新宿区新宿 1-10-1
電話　03(4580)7680(編集)
　　　03(4580)7676(営業)
　　　http://www.soshisha.com/
本文印刷　株式会社 三陽社
付物印刷　株式会社 暁印刷
製本所　加藤製本 株式会社
本体表紙デザイン　間村俊一

ISBN978-4-7942-2465-1　Printed in Japan